DE TOEKOMST IS GEEN VREEMDE

René van Woudenberg

De toekomst is geen vreemde

WAAROM ER MEER ZEKER IS DAN WIJ DENKEN

KokBoekencentrum Uitgevers • Utrecht

Ontwerp omslag: Shortlife
Vormgeving binnenwerk: Garage BNO

ISBN 978 90 435 3791 9
ISBN e-book 978 90 435 3792 6
NUR 730

www.kokboekencentrum.nl

Uitgeverij KokBoekencentrum vindt het belangrijk om op milieuvriendelijke en verantwoorde wijze met natuurlijke bronnen om te gaan. Bij de productie van het papieren boek van deze titel is daarom gebruikgemaakt van papier waarvan het zeker is dat de productie niet tot bosvernietiging heeft geleid.

Inhoud

Opgedragen aan de nagedachtenis van Jacob Klapwijk
(1933–2021), hoogleraar filosofie aan
de Vrije Universiteit Amsterdam – erudiet auteur,
bewogen denker

Dankwoord

Dank ben ik verschuldigd aan Martin op 't Land en Coby Wattez, die me uitnodigden op hun huwelijksjubileum iets te zeggen over het huwelijk; een aantal ideeën uit die toespraak heb ik verwerkt in hoofdstuk 5. Ook dank ik Rientz Willem Bol, CEO van Bolidt in Hendrik-Ido-Ambacht, die me uitnodigde om voor de top van zijn bedrijf te spreken over de beloften die zijn internationale onderneming zou kunnen en willen doen. Het was voor mij fascinerend om filosofische analyse zo dicht bij de realiteit van een miljoenenbedrijf te brengen. De uitwerking van aldaar gepresenteerde ideeën hebben hun neerslag gevonden in met name de hoofdstukken 3, 4 en 5. Ik dank ook collega Christoph Jäger van de Universiteit van Innsbruck, die me uitnodigde voor een voordracht waarin ik materiaal uit dit boek heb gepresenteerd. Ook dank ik het bestuur van de Charismatische Werkgemeenschap Nederland voor de uitnodiging om op een van de conventies te spreken over een aantal ideeën die ik in dit boek heb gepresenteerd. Voor gesprek, inspiratie, suggesties en/of commentaar bedank ik voorts Valentin Arts, Lieke Asma, Wout Bisschop, Roland den Boef, Bert Boer, Lex Bouter, Gijsbert van den Brink, Govert Buijs, Frank en Nynke Dijkstra, Marcus Düwell, Gerrit Glas, Jan Gooijer, Michiel Gouman, Sander Griffioen, Jan-Bram de Groot, Annemie Halsema, Martin van Hees, Geertjan Holtrop, Christoph Hübenthal, Everard de Jong, Naomi

Kloosterboer, Pieter van der Kolk, Kees en Margriet van der Kooi, Edwin Koster, Paul Koster, Iris Lechner, Samira van der Loo, Elisa Matse, Ronald Meester, Rob Nijhoff, Rik Peels, Alvin Plantinga, Chris Ranalli, Jeroen de Ridder, Dorien van der Schot, Douwe Strating, Joeri Tijdink, Hans Van Eyghen, Jerrit Vellenga, Jan van der Wolf, Nick Wolterstorff, en Annemiek, Marritta, Viktor, Hester en Rutger van Woudenberg. Ook dank ik Peter Gorter van KokBoekencentrum, die de huidige titel voorstelde. Mijn laatste woord van dank is aan Mathanja Berger, die het manuscript met grote nauwkeurigheid en veel taalgevoel publicatiegereed heeft gemaakt.

Inleiding

Volgens het *World Happiness Report 2020* is Nederland het op vijf na gelukkigste land ter wereld.[1] Toch kennen velen in ons land ook gevoelens van onzekerheid, verlorenheid en angst wanneer ze zich openstellen voor de grote realiteiten van de eenentwintigste eeuw.[2] De natuur zucht onder uitbuiting en megavervuiling, diersoorten sterven uit, de poolkappen smelten, de zeeën zijn ernstig vervuild met een plastic soep, de koraalriffen sterven af, het CO_2-gehalte van de lucht neemt toe en er voltrekt zich een klimaatverandering. De opwarming van de aarde gaat door en zal met een aan zekerheid grenzende waarschijnlijkheid enorme gevolgen hebben. En dan is er de doorgaande bevolkingsgroei, en het besef dat de natuurlijke hulpbronnen van de aarde volstrekt onvoldoende zijn om voor elke wereldburger een levenspeil en levensstijl mogelijk te maken die vergelijkbaar zijn met die van een gemiddelde Nederlander. Dat wekt angst en onzekerheid op. Parallel daaraan zijn er in de sociale wereld trends

---

1 Zie https://worldhappiness.report/ed/2020/. Deze ranking is gebaseerd op een onderzoek waarbij inwoners van 156 landen werd gevraagd hun leven te beoordelen op een schaal van 1 tot 10. Nederland komt na Finland, Denemarken, Zwitserland, IJsland en Noorwegen, en voor Zweden, Nieuw-Zeeland, Oostenrijk en Luxemburg.

2 Er is sprake van bijvoorbeeld klimaatangst; zie Bijlo (2020).

zichtbaar die het gevoel van onzekerheid verder versterken. Ik denk aan de verspreiding van nep-nieuws, aan samenzweringstheorieën die de ronde doen; en dan zijn er de nieuwsbubbels en 'echokamers'. Dit roept de vraag op: welke nieuwsbronnen zijn nog serieus te nemen? Ik denk ook aan het groeiende besef dat gevestigde instituties lang niet altijd te vertrouwen zijn. Banken hebben, door ondoorzichtige en onbetrouwbare producten in de markt te zetten, bijgedragen aan de bancaire crisis.[3] De toeslagenaffaire, maar ook het besef dat lobbyisten en ondemocratische technobedrijven zoals Cambridge Analytics een grote invloed hebben op verkiezingsuitslagen (VS 2016, Brexit), voedt wantrouwen jegens politieke instituties.[4] Antivaxers en sjoemelwetenschap doen het vertrouwen in de wetenschap afnemen.[5]

De gevoelens van onzekerheid, verlorenheid en angst zijn volgens mij begrijpelijke en voor een goed deel ook gepaste reacties op de genoemde realiteiten en ontwikkelingen. Ik voeg hieraan toe dat er nog andere gepaste reacties zijn, zoals woede[6] (bijvoorbeeld de woede van Greta Thunberg, of de woede van de Canadese singer-songwriter Bruce

---

3 Zie Luyendijk (2017).

4 Zie hierover de bijdragen in De Ridder, Vliegenthart & Zuure (2020).

5 De affaire-Stapel is in Nederland het meest bekende voorbeeld van wetenschapsfraude. Naast 'de grote drie misstappen' (veelal aangeduid als FFP: falsificatie en fabricatie van data, en plagiaat) zijn er ook kleinere misstappen, die tegenwoordig worden aangeduid met de verzamelterm *QRP* (*questionable research practices*; zie Bouter et al., 2016). Een breed overzicht van gevallen biedt Van Kolfschoten (2012).

6 Over de waarde van woede, zie het zeer instructieve boek van Koning (2020).

Cockburn[7]) en klagen.[8] Deze reacties zijn verenigbaar met de gevoelens van onzekerheid, verlorenheid en angst. In dit boek besteed ik echter alleen aandacht aan het gevoel van onzekerheid.

Tegelijkertijd houden we niet van onzekerheid, niet in het klein en niet in het groot. In het klein: we houden er niet van als de trein onverwachts stilstaat en we niet weten wanneer hij verdergaat; we houden er niet van hard te werken zonder ooit baanzekerheid te krijgen; we houden er niet van om te gaan met mensen wier gedrag onberekenbaar en onvoorspelbaar is. In het groot: we houden niet van onzekerheid over pensioenuitkeringen; we houden er niet van als we moeten twijfelen of onze toeslagaanvraag eerlijk behandeld zal worden; we houden er niet van wanneer we geen inzicht hebben in langetermijneffecten van de toepassing van nieuwe technologieën; we houden niet van onzekerheid over de toekomst van de planeet, die we als mensheid zo ernstig aan het toetakelen zijn.

Het is ondenkbaar dat een filosoof de problemen die de gevoelens van onzekerheid, angst en verlorenheid bij ons

---

7 Ik denk onder meer aan zijn songs 'Broken Wheel', 'Justice' en 'If a Tree Falls'. Zie ook Cockburns indrukwekkende memoires, Cockburn (2014).

8 Klagen is niet hetzelfde als zeuren. Het is mijns inziens betekenisvol dat er een geheel bijbelboek is dat een klaagzang is: de Klaagliederen. Een oprechte klacht is de erkenning van waarde – een klacht brengt tot uitdrukking dat iets wat werkelijk waarde heeft, verloren is gegaan. In zoverre is een klacht een begrijpelijke en zelfs volkomen adequate en rationele reactie op bijvoorbeeld de vernietiging van de natuur. Het is irrationeel om geen klaagzang aan te heffen wanneer er weer een diersoort blijkt te zijn uitgestorven, de ozonlaag weer dunner is geworden of nog meer permafrost is verdwenen.

opwekken, zou kunnen oplossen. Ik doe daarom iets anders. Ik onderzoek een eenvoudige, maar elementaire vraag over de toekomst: van welke dingen betreffende de toekomst kunnen we nu zeker zijn? Anders gesteld: van welke dingen kunnen we nu zeker zijn dat ze in de toekomst zullen gebeuren of werkelijkheid worden?

Ik zal betogen dat we meer toekomstige zekerheden hebben dan we misschien denken, en dat die zekerheden in drie groepen kunnen worden ingedeeld. Sommige toekomstige zekerheden hangen samen met de wetten van de natuur, andere met logische principes (in brede zin), en weer andere met beloften die mensen elkaar doen.

Ik ga als volgt te werk. In het eerste hoofdstuk ga ik in op het begrip *zekerheid*. Een belangrijk punt dat ik maak, is dat zekerheid gradaties kent. In het tweede hoofdstuk presenteer en bespreek ik de drie groepen van toekomstige zekerheden, en betoog ik met name dat *beloften* de basis kunnen zijn voor toekomstige zekerheden: wanneer jij mij belooft dat je me komt helpen met het zetten van tegels, dan creëer je daarmee voor mij een toekomstige zekerheid. Vervolgens onderzoek ik wat beloften eigenlijk zijn (hoofdstuk 3) en laat ik zien dat ze een grote variëteit aan verschijningsvormen kennen (hoofdstuk 4). Hoofdstuk 5 gaat over de vraag wanneer het redelijk en verantwoord is om een belofte te doen dan wel op een belofte te vertrouwen. Hoofdstuk 6 gaat over twee belangrijke toekomstgerichte mentale houdingen die we kunnen hebben: *hopen* en *verwachten*. Ik bespreek daar hoe deze zich verhouden tot toekomstige zekerheden. Na in hoofdstuk 7 de hoofdzaak van mijn betoog te hebben samengevat en de grenzen ervan te hebben aangegeven, kijk ik in het slothoofdstuk terug op mijn betoog en wijs ik op interessante aspecten van mijn betoog die filosofisch van belang zijn. Het boek sluit af met drie appendices waarin ik enkele analyses uit hoofdstuk 1, 3 en 4 op een rij zet, in de verwachting dat dit behulpzaam zal zijn voor de lezer.

HOOFDSTUK 1

Zekerheid en gradaties van zekerheid

Wil je iets snijden, dan heb je een goed mes nodig. Wil je het onderwerp 'toekomstige zekerheden' aansnijden, dan moeten de cruciale begrippen scherp zijn: *zekerheid* en *toekomstige zekerheid.*

Om met het eerste te beginnen: wanneer je erop let, valt het op dat we op twee verschillende manieren spreken over zekerheid. We zeggen '*Het is* zeker dat...' maar ook '*Ik ben* er zeker van dat...' We zeggen zowel '*Het is* zeker dat corona door een virus wordt verspreid' als '*Ik ben* er zeker van dat corona door een virus wordt verspreid' en '*Het RIVM is* er zeker van dat corona door een virus wordt verspreid'. Markeert dit verschil in spreken ook een zakelijk verschil? Het gegeven dat de ene manier van spreken geregeld correct is terwijl de andere dat niet is, suggereert dat dat inderdaad zo is. André Kuipers laat in interviews en lezingen geregeld weten dat hij er zeker van is dat er buitenaards leven is. Maar dat wil nog niet zeggen dat *het* zeker is dat er buitenaards leven is. Omgekeerd lijkt het ook mogelijk dat iemand onzeker is over iets waarvan geldt dat *het* zeker is. Iemand kan er onzeker over zijn of Willem de Zwijger een kooiker had, terwijl het toch zeker is dat hij er een had. Of neem het geval dat iemand deelneemt aan een loterij waarbij elk lot een prijs (of prijsje) wint maar dat de betrokkene dit niet weet. Dan kan deze persoon er onzeker over zijn of hij/zij een prijs(je) zal winnen, terwijl *het* zeker is dat dat gaat gebeuren.

Op basis van deze overwegingen is wel gezegd dat we daarom twee begrippen van zekerheid van elkaar moeten onderscheiden: een subjectief en een objectief begrip. Het subjectieve begrip zou dan het begrip zijn dat we gebruiken in uitspraken als '*Ik ben* er zeker van dat…', en het objectieve in uitspraken als '*Het is* zeker dat…' Naar mijn oordeel is dit geen gelukkige suggestie. Immers, wat zegt iemand nu precies wanneer zij zegt '*Het is* zeker dat…'? Ik meen niet veel anders dan '*Ik ben* er zeker van dat…', niet veel anders dan '*Ik ben* er zeker van, *en anderen met mij*, dat…' Want stel dat het echt iets anders is dan '*Ik ben* er zeker van dat…' – wat is dan het verschil? Betekent '*Het is zeker* dat…' misschien '*Het is waar* dat…'? Zeggen we hetzelfde met '*Het is zeker* dat de zon morgen opkomt' als met '*Het is waar* dat de zon morgen opkomt'? We kunnen natuurlijk *stipuleren* dat we daarmee hetzelfde zeggen. Er zijn echter twee goede redenen om dit niet te doen.

De eerste reden is dat het begrip *zeker* een essentiële relatie heeft met mensen, terwijl deze relatie ontbreekt bij *waar*. Ik bedoel dit: of een bewering waar is, hangt niet af van wat mensen denken, menen of geloven. De bewering dat er buitenaards leven is, is waar of onwaar – maar welk van beide het geval is, hangt niet af van wat mensen denken, menen of geloven. Zelfs als niemand ooit had nagedacht over de vraag of er buitenaards leven is, zou het nog waar of onwaar zijn dat er buitenaards leven is. Dat bedoel ik wanneer ik zeg dat waarheid (evenals onwaarheid) geen essentiële relatie heeft met mensen.

Bij zekerheid ligt dat anders. Of een bewering zeker is, heeft wezenlijk te maken met mensen. Een bewering is zeker voor zover er mensen zijn die tegenover die bewering een bepaalde houding aannemen: de houding van *het zeker zijn*. Er moet altijd *iemand* zijn voor wie een bewering zeker is. Als er geen mensen zijn, is er niemand die *zeker* is van iets, en is er dus geen zekerheid. Zonder mensen zijn er dus wel waarheden, maar geen zekerheden. Zekerheid is een psychologisch begrip, waarheid een metafysisch begrip.[9]

De tweede, hiermee samenhangende, reden is dat we soms zeker zijn van iets wat onwaar is (Aristoteles was er zeker van dat de hemellichamen in volmaakt circulaire banen rond de aarde bewegen – het is onwaar), en onzeker over iets wat waar is (men was er onzeker over of de gaswinning in Groningen tot aardverzakkingen zou leiden – het is, naar we aannemen, wel waar).

Zekerheid, zoals ik er voor de doeleinden van dit boek over denk, is dus een *relationeel* begrip. Het is de aanduiding van een relatie tussen mensen enerzijds en theorieën of beweringen anderzijds.[10] Die relatie kan nader worden

---

9 Voor meer over het waarheidsbegrip dat ik hier gebruik, zie Van Woudenberg (2014).

10 In de tekst zeg ik 'theorie of bewering', maar ik had met de term *bewering* kunnen volstaan, want een theorie *is* een bewering. Ik had de lijst ook langer kunnen maken, want we zeggen niet alleen van *beweringen* dat ze waar kunnen zijn, maar ook van gedachten, stellingen en uitspraken. Om omslachtige formuleringen te voorkomen, zal ik het in het vervolg alleen nog maar hebben over beweringen. En ik denk daarbij over een bewering als een talige uitspraak waarin een (abstracte) propositie tot uitdrukking wordt gebracht. De volgende twee verschillende talige uitspraken brengen dezelfde (abstracte) propositie tot uitdrukking: (1) 'Elk land heeft een hoofdstad' en (2) 'Every country has a capitol'. Voor het onderscheid tussen talige uitspraak en propositie, zie Buekens (2001, 61–65).

omschreven. Als André Kuipers er zeker van is dat er buitenaards leven is, dan betekent dit dat hij een bepaalde mentale *houding* inneemt ten opzichte van de theorie dat er buitenaards leven is. Hij is *er gerust op* dat er zulk leven is; hij is *daarvan overtuigd*; hij zal *niet verbaasd* zijn als het bestaan van buitenaards leven daadwerkelijk wordt aangetoond; en hij is geneigd in praktische redeneringen deze theorie als uitgangspunt te nemen (als hij zou deelnemen aan een weddenschap over de waarheid van de theorie, zou hij hoog inzetten). Zekerheid, zoals ik erover zal schrijven, is een gevoel. Als iemand er zeker van is dat de aarde een maan heeft, dan betekent dat dat hij/zij een ja-gevoel heeft tegenover de stelling dat de aarde een maan heeft.

Nu kun je een misplaatst gevoel van zekerheid hebben. Het is misplaatst om er zeker van te zijn dat je de hoofdprijs in de loterij zult winnen. Het is ongepast om er zeker van te zijn dat klimaatverandering geen menselijke oorzaken heeft. Er is valse gerustheid, misplaatste zekerheid. Maar niet alle gevoel van zekerheid is ongepast, zoals ik in de volgende hoofdstukken zal laten zien. Dit betekent dat er *normen* zijn voor wanneer het gevoel van zekerheid gepast is en wanneer niet, normen die bepalen wanneer een gevoel van zekerheid gerechtvaardigd is en wanneer niet.

Wat zijn die normen? De zeventiende-eeuwse filosoof René Descartes (1596–1650) had daar een uitgesproken idee over. André Kuipers' gevoel van zekerheid over het bestaan van buitenaards leven, zou Descartes zeggen, is gepast (of gerechtvaardigd) wanneer er geen grond is voor twijfel. En er is geen grond voor twijfel aan het bestaan van buitenaards leven, wanneer je alle scenario's waarin er geen buitenaards leven is, kunt uitsluiten.[11] Om hetzelfde punt te maken aan de hand van een voorbeeld van de Britse filosoof J.L. Austin[12] (1911–1960): wil mijn zekerheid dat de vogel die ik zie een bonte specht is, gepast of gerechtvaardigd zijn, dan moet ik kunnen uitsluiten dat het een puttertje is. Maar bonte spechten en puttertjes lijken erg op elkaar! Welnu, het is Descartes' opvatting dat als ik ze niet van elkaar kan onderscheiden, het onjuist voor mij is er zeker van te zijn dat het een bonte specht is. Algemeen gesproken en abstract geformuleerd luidt Descartes' norm dus: je zekerheid dat *p* (*p* staat hier voor een theorie of bewering) is gepast – of zoals ik zal zeggen: gerechtvaardigd – enkel en alleen wanneer je alle scenario's waarin niet-*p* het geval is, kunt uitsluiten.

Descartes' norm legt de lat voor gerechtvaardigde zekerheid hoog – te hoog. De implicatie is dat vrijwel alle gevoelens van zekerheid misplaatst zijn. Want stel dat ik een bonte specht meen te zien en ik me afvraag of ik daar zeker van kan zijn. Dan vergt Descartes' norm dat ik kan uitsluiten dat ik me in een *Matrix*-scenario bevind – een scenario waarin er geen vogels zijn, maar waarin een aantal superwetenschappers me ervaringen geeft als van het zien van een bonte specht. Maar dat kan ik niet uitsluiten, omdat ik geen verschil kan constateren tussen het echt zien van een echte bonte specht en de ervaring van het zien van een *Matrix*-specht. Het *Matrix*-scenario *kan* eenvoudigweg niet

11 Zie *Over de methode*, vierde gedeelte (Descartes, (1637) 1977). Hier zegt Descartes: wil je gerechtvaardigde zekerheid hebben over iets wat je meent waar te nemen, dan moet je kunnen uitsluiten dat je droomt, of dat je misleid wordt door een kwade demon die er een boosaardig genoegen in schept je te misleiden.
12 Austin (1970a).

worden uitgesloten, evenmin als dat kan worden uitgesloten dat we bedrogen worden door een cartesiaanse kwade genius. En wat geldt voor gerechtvaardigde zekerheid aangaande de bonte specht, geldt over de hele linie. Wil mijn zekerheid dat er nu zonlicht op mijn bureau valt gerechtvaardigd zijn, of de zekerheid dat ik nu een trilling voel (veroorzaakt doordat een bus te hard over de verkeersdrempel nabij mijn huis rijdt), dan moet ik kunnen uitsluiten dat ik me in een *Matrix*-scenario bevind. Maar dat kan ik niet, want ik kan mijn visuele ervaring van de echte zon niet onderscheiden van die van een *Matrix*-zon, mijn tactiele ervaring van een echte trilling niet onderscheiden van die van een *Matrix*-trilling, enzovoorts. Dus is elke zekerheid over mijn omgeving misplaatst en ongerechtvaardigd. Descartes' norm leidt zonder veel omwegen tot radicaal scepticisme: de opvatting dat geen van onze zekerheden gerechtvaardigd is.[13]

Willen we niet in dit sceptische drijfzand weggezogen worden, dan zullen we Descartes' norm achter ons moeten laten. En gelukkig is dat ook mogelijk zonder een *sacrificium intellectus* te hoeven plegen. Hier is de gedachtegang. Wil mijn zekerheid dat ik een bonte specht zie gerechtvaardigd zijn, dan vereist Descartes' norm, zoals we zagen, dat ik een bonte specht van een puttertje kan onderscheiden. Maar het spreekt niet vanzelf dat dit echt nodig is. Stel eens dat ik weet dat ik in een omgeving ben waar geen puttertjes voorkomen (een gezaghebbend ornitholoog heeft me dat verteld), en ik zie een bonte specht. Dan is mijn zekerheid dat ik een bonte specht zie gerechtvaardigd, ook al kan ik die niet onderscheiden van een putter. Toch is in dit geval het kunnen onderscheiden niet vereist voor gerechtvaardigde zekerheid.

---

13 Zie De Mey (2014).

Nu zou men kunnen zeggen dat dit niet zoveel gewicht in de schaal legt, omdat ik misschien wel kan weten dat er in een bepaalde omgeving geen puttertjes voorkomen, maar dat ik *niet* kan weten dat ik me niet in een *Matrix*-scenario bevind. Goed. We kunnen niet, *nooit*, uitsluiten dat we ons in een *Matrix*-scenario bevinden. Daarom lijkt mij het volgende een goed principe: voor gerechtvaardigde zekerheid hoef je alleen maar scenario's uit te sluiten *die in principe uit te sluiten zijn*. Een *Matrix*-scenario *is* in principe niet logisch uit te sluiten, en dat maakt dat je er in de praktijk ook geen aandacht aan hoeft te besteden.

Dit is nog maar een eerste stap naar een betere norm dan die van Descartes. Want een puttertjescenario is in principe *wel* uit te sluiten, en dat zou betekenen dat voor rechtvaardiging van de spechtzekerheid vereist is dat ik een puttertjescenario kan uitsluiten. En in het voorbeeld zoals gegeven (ik weet dat ik in een omgeving ben waarin geen puttertjes voorkomen), is dat scenario uitgesloten. Maar het is nog steeds een te hoge eis om te stellen dat je voor gerechtvaardigde zekerheid *alle* in principe uitsluitbare scenario's moet kunnen uitsluiten. Onder normale omstandigheden is het niet uit te sluiten dat Lou een identiek tweelingzusje Liv heeft. Maar wanneer je Lou en haar achtergrond een beetje kent en ze nooit de suggestie heeft gewekt dat ze een zusje heeft, dan geldt dat de zekerheid die je hebt dat daar aan de overkant van de straat Lou loopt, gerechtvaardigd is – ook al heb je de in principe uitsluitbare mogelijkheid dat het haar tweelingzusje Liv is, niet uitgesloten. Die mogelijkheid is, op dat moment en in die situatie, niet relevant. Als je naar de dierentuin gaat en je ziet een zebra, dan is je zekerheid dat het een zebra is, gerechtvaardigd, ook al heb je de mogelijkheid dat het een knap beschilderde muilezel is, of een hologram, niet uitgesloten. Die mogelijkheden zijn (meestal) niet relevant. Uitsluitbare scenario's hoeven, voor gerechtvaardigde zekerheid, alleen maar uitgesloten te worden wanneer ze *relevant* zijn. Dit brengt een bepaalde onzekerheid met zich mee, want wanneer is een scenario relevant? Ik vrees dat daar geen algemene regels voor te geven zijn. Of een scenario relevant is, is situationeel bepaald. Als je weet, of het vermoeden hebt, dat Lou een identiek tweelingzusje heeft, dan is je zekerheid dat het Lou is die je ziet lopen, alleen gerechtvaardigd wanneer je hebt uitgesloten dat het Liv is. Maar in andere omstandigheden is dat niet vereist. Als je weet, of het vermoeden hebt, dat in het kader van een kunstproject in ARTIS muilezels worden beschilderd, dan is je zekerheid dat het inderdaad een muilezel is die je ziet, gerechtvaardigd als je kunt uitsluiten dat het een beschilderde muilezel is.

Het principe van gerechtvaardigde zekerheid waarmee ik in dit boek zal werken, is daarom: gerechtvaardigde zekerheid aangaande *p* vereist dat je in staat bent om relevante niet-*p*-scenario's die in principe uitsluitbaar zijn, uit te sluiten.[14]

Door deze bepaling van gerechtvaardigde zekerheid wordt zichtbaar waarom de verspreiding van nepnieuws zulke schadelijke gevolgen heeft. Nepnieuws presenteert in journalistieke stijl iets als feit terwijl het dat niet is, en is ge-

14 Dit principe is mede geïnspireerd door Fred Dretskes Relevante Alternatieventheorie van kennis. Zie Dretske (2000).

creëerd met de bedoeling om te misleiden.[15] Een voorbeeld van nepnieuws zijn rapportages over samenzweringstheorieën. Deze suggereren scenario's waarvan de mogelijkheid niet helemaal en niet gemakkelijk is uit te sluiten. Neem het nepnieuws dat het coronavirus veroorzaakt is door het 5G-netwerk en dat het niet gevaarlijker is dan een gewone griep, of de samenzweringstheorie dat het coronavirus welbewust in een laboratorium is gekweekt. Verspreiding van zulk nepnieuws heeft diverse negatieve effecten. Ten eerste, dat mensen een gevoel van zekerheid ontwikkelen tegenover wat feitelijk desinformatie is, op basis waarvan ze onverstandige beslissingen kunnen nemen. Ten tweede, dat mensen onzeker worden over iets waar ze niet onzeker over zouden hoeven zijn – het nepnieuws of de samenzweringstheorie ondermijnt iets waarvan ze terecht zeker waren. In een wereld waarin nepnieuws wordt verspreid (maar niet als zodanig gepresenteerd) door Russische trollen en Britse professionele misleiders, worden zekerheden ondermijnd. En dan is er, ten derde, het voor mijn betoog belangrijkste punt: als we *weten* dat er nepnieuws en samenzweringstheorieën worden verspreid (maar niet als zodanig gepresenteerd), dan is er voor gerechtvaardigde zekerheid aangaande wat in het nieuws wordt gebracht, (veel) meer vereist dan als er geen nepnieuws en samenzweringstheorieën werden verspreid. Wanneer we aannemen dat nepnieuws en sa-

---

15 Ik sluit me hier aan bij de omschrijving van nepnieuws zoals gegeven door Aaldering, Egelhofer en Lecheler (2020, 88). Zij merken terecht op dat er nog een ander gebruik is van de notie *nepnieuws*: sommige politici zeggen dat een bericht nepnieuws is in een poging om de legitimiteit van nieuwsmedia te ondermijnen. De auteurs noemen de notie die ik in de hoofdtekst gebruik, nepnieuws 'als genre'.

menzweringstheorieën *relevante* alternatieven presenteren (bijvoorbeeld voor de herkomst van het coronavirus), dan is het voor gerechtvaardigde zekerheid vereist dat ook die alternatieven worden uitgesloten. Nepnieuws en samenzweringstheorieën vervuilen dus het nieuws als zodanig, en het effect is dat nieuwsgebruikers ook wantrouwig worden ten opzichte van betrouwbaar nieuws.

Terug naar de notie van zekerheid. Hoewel er filosofen zijn die daar anders over denken,[16] lijkt het me een elementair gegeven dat zekerheid gradaties kent. Van sommige dingen zijn we zekerder dan van andere. We zijn er zekerder van dat het in 2022 wel een paar keer zal regenen in Friesland dan dat er dat jaar een Elfstedentocht gehouden zal worden. We zijn er zekerder van dat Julius Caesar geboren is dan dat hij de Rubicon is overgegaan. We zijn er zekerder van dat $5 + 7 = 12$ dan dat twee massa's elkaar aantrekken met een kracht evenredig aan het product van die massa's en omgekeerd evenredig met het kwadraat van de afstand tussen die massa's. We zijn er zekerder van dat we beenderen hebben dan dat we ze nooit zullen breken. We zijn er zekerder van dat de mensheid de natuurlijke leefwereld schade toebrengt dan dat bijen zulke schade toebrengen. Zekerheid kent gradaties.

Vele andere begrippen kennen eveneens gradaties, bijvoorbeeld *lengte*, *intelligentie*, *financieel vermogen*, *fysieke sterkte*. Tussen begrippen die gradaties kennen, bestaan interessante verschillen. Sommige kennen een absolute boven- of ondergrens, andere niet. Neem het begrip *lengte*. Voor elk ding dat een lengte heeft, geldt dat het mogelijk is dat er iets anders is dat langer is. Er is niet zoiets als 'het

16 Bijvoorbeeld Peter Unger (1975).

langste ding'. Voor elk financieel vermogen dat er is, geldt dat er een financieel vermogen mogelijk is dat nog groter is. Er is geen grootste financieel vermogen. Deze begrippen hebben geen bovengrens. Maar neem nu het begrip *plat*. Nederland is plat – maar sommige stukken, de Haarlemmermeerpolder bijvoorbeeld, zijn platter dan andere delen, zoals de duinen bij Scheveningen of het zuiden van Limburg. Toch is er een grens voor platheid. Er is zoiets als *volkomen* plat. Wanneer een oppervlak volkomen plat is, dan geldt dat er niets platter is (of kan zijn) dan dat oppervlak. Hetzelfde geldt voor het begrip *leeg*. Een fles kan minder water bevatten dan een andere fles, een fles kan leger zijn dan een andere. Maar er is zoiets als *volkomen* leeg. Wanneer een fles volkomen leeg is, geldt dat er geen fles is die nog leger is. Deze begrippen hebben wel een bovengrens.

Hoe zit het nu met *zekerheid*? Is *zekerheid* in dit opzicht een begrip dat lijkt op *lang* en *financieel vermogen*, of een begrip dat lijkt op *plat* en *leeg*? Anders gezegd: is het een begrip met een grens of niet? Naar mijn oordeel is het een begrip met een grens. Er is zoiets als *volkomen* zekerheid. Er zijn dingen die volkomen zeker zijn, dat wil zeggen: dingen waarvan geldt dat niets zekerder is dan dat. Dit begrip van volkomen zekerheid heeft de Amerikaanse filosoof Roderick Chisholm (1916–1999) ooit op de volgende wijze gedefinieerd:[17] iemand is volkomen zeker van theorie T wanneer het volgende het geval is: T is boven elke redelijke twijfel verheven en er is geen theorie T* die redelijker is om te aanvaarden dan T. Stel dat ik geloof dat Lou daar loopt. Is het dan, gegeven Chisholms definitie, volkomen zeker dat Lou daar loopt (= T)? Nee, want er zijn dingen die, in

17 Chisholm (1977, hfst. 1).

Chisholms terminologie, redelijker zijn dan dat Lou daar loopt – namelijk dat het *lijkt* dat Lou daar loopt (= T*). Er is dus een T* die redelijker is dan T. En dus is T niet volkomen zeker. Is T* dan volkomen zeker? Is er een theorie of bewering die redelijker is dan dat het *lijkt* dat Lou daar loopt? Volgens Chisholm niet. En ik ben het met hem eens. Dat het (in een specifieke situatie) *lijkt* dat Lou daar loopt, is volkomen zeker. Er zijn vele dingen van deze aard die volkomen zeker zijn. Voor mij is het bijvoorbeeld volkomen zeker dat het *lijkt* alsof ik me herinner dat ik in Indiana heb gewoond, dat het *lijkt* alsof ik mijn dorst kan lessen met water, dat het *lijkt* alsof de lijnen in de befaamde tekening van Franz Müller-Lyer niet even lang zijn. Het is volkomen zeker voor me dat deze dingen zo *lijken*. Zelfs wanneer ik er later achter zou komen dat ik ernaast zat (het was niet Indiana maar Michigan; water lest mijn dorst toch niet; de lijnen zijn *wel* even lang), kan het me zo vergaan dat het nog steeds lijkt alsof ik me herinner dat ik in Indiana heb gewoond, en dat het nog steeds lijkt alsof de lijnen niet even lang zijn.

Zijn er, naast wat ik zo-even noemde, nog meer dingen die volkomen zeker zijn? Jazeker. De Duitse filosoof Gottfried Leibniz (1646–1716) schreef ooit: 'Er zijn twee soorten van waarheid: de verstandswaarheden en de feitelijke waarheden. De verstandswaarheden zijn noodzakelijk en hun tegendeel is onmogelijk. De feitelijke waarheden zijn contingent en hun tegendeel is mogelijk.'[18] Verstandswaarheden, zegt Leibniz dus, zijn waarheden waarvan het tegendeel onmogelijk is. Voorbeelden hiervan zijn niet moeilijk te vinden. Neem de volgende waarheid: 5 + 7 = 12. Het tegendeel hiervan is: het is niet zo dat 5 + 7 = 12. En dit is onmogelijk.

18 Leibniz ((1720) 1991, par. 33).

Dus 5 + 7 = 12 is een verstandswaarheid. Of neem deze waarheid: de punten die gelegen zijn op de omtrek van een cirkel, bevinden zich alle op gelijke afstand van het middelpunt. Het tegendeel hiervan is: het is niet het geval dat de punten die gelegen zijn op de omtrek van een cirkel, zich alle op gelijke afstand van het middelpunt bevinden. Dit is onmogelijk. Dus we hebben met een verstandswaarheid te maken. Er zijn vele andere waarheden waarvan het tegendeel onmogelijk is, bijvoorbeeld:

- Als alle mensen sterfelijk zijn en Socrates is een mens, dan is Socrates sterfelijk.
- Niemand is langer dan hij of zij zelf is.
- Elk ding is wat het is en niet iets anders.
- Als iets werkelijk is, is het ook mogelijk.
- Als iets rood is, is het gekleurd.
- Niets kan zowel egaal rood als egaal blauw zijn.
- Geen getal is een mens.

Welnu, als er waarheden zijn waarvan het tegendeel onmogelijk is, dan zijn er waarheden die, indien gekend, volkomen zeker zijn. Wiskundige waarheden, als we ze kennen, zijn volkomen zeker. Dat was ook de reden waarom de geleerde Simon Stevin (1548–1620) datgene wat in andere talen wordt aangeduid als 'mathematica', *wis*kunde noemde, want dat vak geeft ons dingen die gewis, dat wil zeggen: zeker, zijn. In de filosofische traditie is ook vaak gezegd dat bepaalde logische en metafysische principes verstandswaarheden zijn in de aangegeven zin, en dus volkomen zeker zijn.

Uiteraard – we vergissen ons soms en we maken fouten. Van sommige waarheden leek het tegendeel ooit onmogelijk, maar is later gezegd dat dat toch mogelijk was. Een vaak genoemd voorbeeld is het vijfde postulaat van Euclides, in de formulering die John Playfair daar in 1795 aan gaf: voor elke lijn *l* en elk punt *p* dat niet op lijn *l* is gelegen, is er een unieke lijn door *p* parallel aan *l*.[19] Het is onmogelijk om op deze plek in te gaan op de discussies hierover.[20] Het is, gegeven het doel van dit boek, ook niet nodig. Het enige dat nodig is, is het idee dat er gradaties van zekerheid zijn, en dat daar een hoogste graad van is.[21] En zelfs dat laatste is strikt genomen niet essentieel voor mijn betoog.

Voor het vervolg is het wel van belang om aandacht te schenken aan de andere klasse van waarheden die Leibniz noemt: de feitelijke waarheden. De terminologie is niet optimaal – immers, in de gebruikelijke zin van het woord *feit* is het ook een feit dat 5 + 7 = 12, dat alles wat rood is, gekleurd is, enzovoorts. Anders gezegd: alle waarheden op het bovenstaande lijstje hebben betrekking op feiten. Afgezien van de terminologie is het onderscheid wel duidelijk: wat Leibniz feitelijke waarheden noemt, zijn waarheden waarvan het tegendeel in principe wel mogelijk is, hun negatie is niet onzinnig – het zijn, zoals hij zegt, *contingente* waarheden, in onderscheid van de verstandswaarheden, die *noodzakelijk* zijn. Het is een waarheid dat Nederland een koninkrijk is. Niettemin is het tegendeel in principe mogelijk: Nederland had een republiek kunnen zijn, of zou het kunnen worden. Anders gezegd: 'Nederland is geen koninkrijk' is

19 Zie hierover Crilly (2008, 108–111).

20 Een korte, maar goede bespreking van de relevante kwesties is BonJour (1998, 217–224).

21 Een poging om na te denken over het mysterieuze fenomeen van gradaties is Van Woudenberg & Peels (2018).

geen innerlijk tegenstrijdige of onmogelijke bewering. Dat Nederland een koninkrijk is, is in Leibniz' termen dus een feitelijke waarheid. Het volgende is eveneens waar: onder normale atmosferische omstandigheden bevriest water bij temperaturen beneden nul graden Celsius. Het tegendeel hiervan is: het is niet het geval dat water onder normale atmosferische omstandigheden bevriest bij temperaturen beneden nul graden Celsius. Maar dit is geen innerlijk tegenstrijdige of onmogelijke bewering. Ze is weliswaar onwaar, maar ze had waar kunnen zijn. Ze had waar kunnen zijn als de wetten van de natuur anders waren geweest. En, zoals door velen is betoogd, er is niets *noodzakelijk* aan de wetten van de natuur.[22] De wetten van de natuur hadden anders kunnen zijn dan ze feitelijk zijn. De lichtsnelheid (in een vacuüm) had een andere kunnen zijn dan de 299.792.458 m/s die ze is. De gravitatieconstante op aarde, 9,81 m/s, had een andere waarde kunnen hebben dan ze heeft. De intramoleculaire krachten hadden anders kunnen zijn dan ze zijn. Het tegendeel van de bewering dat de snelheid van het licht 299.792.458 m/s is, is niet innerlijk onmogelijk. Het is, in Leibniz' termen, een feitelijke waarheid, geen verstandswaarheid. Het is een contingente waarheid, geen noodzakelijke.

Welnu, feitelijke waarheden zijn, ook als ze gekend worden, niet *zo* zeker als contingente waarheden. Feitelijke waarheden zijn niet *volkomen* zeker. Ze voldoen niet aan Chisholms definitie. Dit betekent niet dat feitelijke waarheden dus altijd of onvermijdelijk *on*zeker zijn. Want tussen volkomen zeker en onzeker ligt een heel groot gebied. Er zijn zekerheden die geen *volkomen* zekerheden zijn. De be-

22 Barrow & Tipler (1986).

wering over de lichtsnelheid is zeker, hoewel niet *volkomen* zeker. Ze is zeker in de zin dat ze boven alle redelijke twijfel verheven is. *Vele* waarheden die door wetenschappelijk onderzoek aan het licht zijn gebracht, zijn boven redelijke twijfel verheven. Het spreekt vanzelf dat dat niet geldt voor alles wat door wetenschappers naar voren wordt gebracht. Zeker als nieuwe onderzoeksvelden worden betreden, is het te verwachten dat de initiële theorieën niet, of niet in hun geheel, correct zijn, dat ze verfijnd en gepreciseerd moeten worden, of misschien wel verworpen.

Het zijn niet alleen vele door wetenschappelijk onderzoek aan het licht gebrachte waarheden die zeker zijn in de zin dat ze boven redelijke twijfel verheven zijn. Veel common-sensewaarheden zijn dat eveneens.[23] Ik denk hier aan zulke nederige waarheden als:

- Ik heb een lichaam.
- Honden blaffen.
- Denken vereist een denker.
- De mensen met wie we spreken, zijn levende wezens.

Zekerheid, en dat is het belangrijkste punt van dit hoofdstuk, kent dus gradaties. Tot slot wil ik aangeven wat ons rechtvaardigt om van een theorie of bewering in een bepaalde mate zeker te zijn. Waardoor is het gerechtvaardigd om van 5 + 7 = 12 volkomen zeker te zijn, en van andere dingen wel zeker, maar niet *volkomen* zeker?

We zijn gerechtvaardigd om volkomen zeker te zijn wanneer we *door reflectie alleen* kunnen inzien dat het tegendeel van een theorie of bewering onmogelijk is. Om hetzelfde in klassieke termen te zeggen: we zijn gerechtvaardigd in de

---

23 Zie hierover Van Woudenberg (2021).

houding van volkomen zekerheid wanneer datgene waarvan we zeker zijn, 'zelfevident' is. Een theorie of bewering is zelfevident wanneer geldt: het begrijpen van de inhoud ervan is voldoende om de waarheid ervan in te zien. Veel, maar niet alle, noodzakelijke beweringen zijn zelfevident.

Beneden het niveau van volkomen zekerheid bevindt zich het niveau van wat soms het onmiddellijk evidente wordt genoemd. Deze waarheden zijn niet zelfevident in de aangegeven zin. Het is niet zelfevident dat het me *lijkt* alsof ik Lou daar zie lopen. Maar het is wel onmiddellijk evident. Hetzelfde geldt voor de bewering dat ik een lichaam heb. Deze bewering is niet zelfevident in de aangegeven zin, maar ze is wel onmiddellijk evident. Mijn zekerheid dat het me lijkt dat Lou daar loopt, en mijn zekerheid dat ik een lichaam heb, zijn beide gerechtvaardigd, maar niet op basis van bewijsvoering, redenering, argumentatie of wetenschappelijk onderzoek. Dergelijke overtuigingen komen spontaan in ons op, of na enige reflectie. Veel common-sensewaarheden hebben dit soort zekerheid.

Beneden dit niveau van zekerheid ligt het niveau waarop vele door de wetenschap aan het licht gebrachte waarheden liggen: de waarheden over de lichtsnelheid, over de natuurwetten en over de fysische constanten. Zekerheid op dit niveau is gerechtvaardigd wanneer de betreffende theorie of bewering op bewijs steunt, dat wil zeggen: wanneer er overtuigende empirische gronden voor zijn. Hier geldt de algemene regel: de mate waarin de houding van zekerheid is gerechtvaardigd, hangt af van de sterkte van het ondersteunende bewijs. Hoe sterker een theorie of bewering wordt ondersteund door bewijs, hoe gerechtvaardigder (hoe gepaster) een houding van zekerheid is.

In de wetenschapsgeschiedenis zijn er vele theorieën bedacht en beweringen gedaan die beneden dit niveau liggen, soms ver daar beneden. Een voorbeeld is de wet van Bode (1747–1826), soms ook de wet van Titius-Bode genoemd, volgens welke de planeten op regelmatige afstand van de zon staan, en wel volgens de reeks 0, 3, 6, 12, 24, enzovoorts. Aangetoond is dat deze wet onjuist is. En zo is de wetenschapsgeschiedenis een kerkhof waarop vele theorieën en verklaringen ten grave zijn gedragen.[24]

Nu kunnen we ons afvragen: gegeven het zekerheidsbegrip dat ik in dit hoofdstuk heb gepresenteerd, van welke dingen *in de toekomst* kunnen we zeker zijn? *Kunnen* we wel zeker zijn van wat nog in de nevelen van de toekomst is gehuld? In het volgende hoofdstuk betoog ik van wel, en leg ik uit waarom. Ik gebruik daarbij veelvuldig het begrip *toekomstige zekerheid*, een begrip dat ik nog moet toelichten. Wanneer ik zeg dat *p* een toekomstige zekerheid is, dan bedoel ik daarmee:

---

24 Zie hiervoor Van Maanen (1991). Van Maanen presenteert in feite een goed geïllustreerde versie van Larry Laudans beruchte pessimistische meta-inductie, die in Van Maanens woorden luidt: 'De moderne wetenschap deugt niet. De wetenschap van de zeventiende eeuw deugde niet, die van de achttiende en de negentiende eeuw zat eveneens vol fouten, dus er is geen enkele reden om aan te nemen dat die van de twintigste [en eenentwintigste] eeuw wel klopt' (Van Maanen, 1991, 7). Andere redenen waarom aan wetenschap niet altijd de hoogste graden van zekerheid kunnen worden gegeven, hebben te maken met de zogenaamde onderdeterminering van theorieën door waarnemingen (zie bijvoorbeeld Buskes, 2014) en de halfwaardetijd van wetenschappelijke feiten (zie Arbesman, 2013).

- we zijn er *nu* zeker van dat ook in de toekomst *p* het geval zal zijn; en/of
- ook in de toekomst zullen mensen er zeker van zijn dat *p*.

In deze omschrijving staat *p* voor een bewering of stelling, zoals 'De zon zal opgaan' en 'Mensen hebben voedsel nodig'.[25] Dus, als ik zeg dat 'Mensen hebben voedsel nodig' een toekomstige zekerheid is, dan bedoel ik daarmee dat we er nu zeker van zijn dat in de toekomst mensen voedsel nodig hebben en/of dat ook in de toekomst mensen er zeker van zullen zijn dat ze voedsel nodig hebben.

Voor het gemak geef ik in appendix A een overzicht van de graden van zekerheid die ik in dit hoofdstuk heb onderscheiden.

---

25 Om iets preciezer te zijn: *p* is wat filosofen soms een propositie noemen; het is datgene wat in een beweerzin tot uitdrukking wordt gebracht. De beweerzin 'De zon zal opgaan' drukt dezelfde propositie uit als de beweerzin 'The sun shall rise'. Proposities zijn de dragers van waarheidswaarden, dat wil zeggen: ze zijn waar of onwaar.

HOOFDSTUK 2

Drie klassen van toekomstige zekerheden

Een veertiende-eeuwse onbekende Vlaamse dichter, schrijvend over zijn tijdgenoten, noteert, enigszins gelaten:

> Mercten si ofte saghen si wel,
> Hoe zeere onseker die mensche staet
> Ende hoe rasch hi ter doot wert gaet.[26]

Het leven is onzeker, en de toekomst is dat zeker. Befaamd is de uitspraak van Niels Bohr (1885–1962) dat voorspellen moeilijk is, zeker als het om de toekomst gaat. We zeggen vaak dat de toekomst ongewis is, dat ze in nevelen is gehuld, dat we niet weten wat ze voor ons in petto heeft. De toekomst is een onbekend land. Als kind weet je niet wat je zult worden of wat je levenspad zal zijn, welke kansen en gelegenheden zich aan je zullen voordoen, wie je zult ontmoeten, of je getroffen zult worden door een ziekte of aangereden door een auto, of mensen je zullen mogen en je wat zullen gunnen, of je geluk zult hebben, of je iets voor anderen zult kunnen betekenen. Ook in latere levensfasen blijft op ieder moment de toekomst onzeker: misschien financieel, misschien sociaal, misschien qua werk of in ande-

---

26 *Die spiegel der sonden* (Verdam, 1900, regel 1791–1793).

re opzichten. Deze ongewisheden zijn van persoonlijke aard. Er zijn daarnaast ook collectieve onzekerheden. Zijn we in Nederland in staat het stelsel van sociale zekerheid overeind te houden? Blijft Nederland een koninkrijk? Zal de aarde nog verder opwarmen? Gaat het uitsterven van diersoorten onverminderd door? Zal er zich een demografische en ecologische ramp voltrekken? Gaat de techniek oplossingen vinden voor de grote crises? Wordt de mens de oorzaak van de ondergang van de mensheid?

De toekomst is inderdaad ongewis. Maar ze is niet *totaal* ongewis. Ze had ongewisser kunnen zijn dan ze is. Want voor ieder van ons is het niet totaal onzeker wat er de komende minuten, uren, dagen, weken en jaren zal gebeuren. Feitelijk hebben we, en leven we met, heel wat toekomstige zekerheden. Toekomstige zekerheden, zo zal ik in dit hoofdstuk betogen, kunnen worden ingedeeld in drie groepen of klassen. Er zijn toekomstige zekerheden die *volkomen* zijn; dit klinkt wellicht opmerkelijk, maar er is niets mysterieus aan. Mijn bespreking begint met deze klasse.

We zijn er volkomen zeker van dat als de witte tijger op deze planeet uitsterft, er geen witte tijgers meer zullen zijn op deze planeet. Ook zijn we er volkomen zeker van dat ook in de toekomst eenzelfde theorie niet tegelijk waar en onwaar zal zijn, en dat over vijf jaar 5 + 7 nog steeds 12 zal zijn. Dat ook over honderd jaar een kegel een derde deel zal zijn van een cilinder die eenzelfde basis en eenzelfde hoogte heeft als de kegel. Dat ook in de verre toekomst blijft gelden dat als A langer is dan B, en B langer is dan C, A ook langer is dan C. Dat hoe de toekomst in andere opzichten ook zal zijn, een cirkelredenering niets zal gaan bewijzen. Dat in een plat vlak twee rechte lijnen elkaar hoogstens eenmaal zullen snijden. Dat twee dingen die gelijk zijn aan een derde, ook gelijk zullen zijn aan elkaar. En dat geen enkel ding in de toekomst zowel egaal rood als egaal blauw zal wezen.

We zijn er volkomen zeker van dat in de toekomst deze dingen zo zullen zijn, omdat hun tegendelen *onmogelijk* zijn. Het is onmogelijk dat als de witte tijger uitsterft, er toch nog witte tijgers zullen zijn; het is onmogelijk dat 5 + 7 *geen* 12 is, enzovoorts. Het is *onmogelijk* dat deze dingen anders zouden zijn. In de filosofische traditie is vaak gezegd dat de waarheden die ik zojuist genoemd heb, *noodzakelijke* waarheden zijn. Het kenmerk van een noodzakelijke waarheid is, zoals Leibniz stelde, dat haar tegendeel innerlijk onmogelijk is. Van dergelijke waarheden, als we ze kennen, kunnen we ook in de toekomst volkomen zeker zijn. Het zijn toekomstige zekerheden in de zin die ik heb beschreven aan het eind van hoofdstuk 1: wij zijn er nu zeker van dat deze dingen ook in de toekomst zo zullen zijn (en dat ook in de toekomst mensen van deze dingen zeker kunnen en zullen zijn).

De genoemde volkomen zekerheden zijn van wiskundige en logische aard. Maar er zijn eveneens, zo is door velen in de filosofische traditie gesteld, volkomen zekerheden van metafysische en morele aard. Ook deze zekerheden betreffen dingen die *noodzakelijk* zo zouden zijn. En als ze dat zijn, betekent dat, dat ook deze dingen toekomstige zekerheden zijn.

De achttiende-eeuwse Schotse filosoof Thomas Reid (1710–1796) gaf vele voorbeelden van metafysische noodzakelijkheden, van 'Eerste Principes van Noodzakelijke Waarheden', zoals hij ze noemde.[27] Gedachten, zo zei hij, zijn ge-

---

27 Zie hiervoor Reid ((1785) 2002, 452–512). In Van Woudenberg (2021) bespreek ik de relatie tussen deze principes en gezond verstand (of *common sense*).

dachten *van iets* dat denkt – er kan geen denken zijn zonder dat er een denker is. (En een denker, zei hij, is een substantie die is toegerust met het *vermogen tot* denken.) Wanneer Vincent van Gogh (1853–1890) in 1876 in Ramsgate verblijft, schrijft hij in een brief aan zijn broer Theo:

> Dienzelfden nacht keek ik uit het raam van mijne kamer naar de daken der huizen die men daar ziet en naar de toppen der iepen, donker tegen de nachtlucht (...) En ik dacht aan ons allen en ik dacht aan mijne reeds vervlogen jaren en aan ons t'huis, en de woorden en het gevoel kwamen op 'Bewaar mij te zijn een zoon die beschaamd maakt, geef mij Uw zegen nog, niet omdat ik dien verdien maar om mijn Moeder wil.'[28]

Van Gogh dacht aan zijn familie en zijn vervlogen jaren. Wat Reids principe impliceert, is dat Van Goghs gedachten niet zouden kunnen bestaan als de denkende persoon Vincent van Gogh er niet zou zijn. Dit is noodzakelijk zo. Als Reid gelijk heeft, betekent dit dat het een toekomstige zekerheid is dat als er ergens gedacht wordt, er een denker is.

Een ander volkomen zeker metafysisch principe is volgens Reid dat alles wat begonnen is te bestaan, alles wat ontstaan is, een oorzaak moet hebben die het heeft voortgebracht. Dit is een versie van het zogeheten principe van de toereikende grond. Dit principe zegt dat de ondergang van de Spaanse Armada in 1588 een oorzaak heeft, dat het ontstaan van de Domtoren in Utrecht een oorzaak heeft (of een reeks oorzaken; de bouw duurde van 1321 tot 1381), dat het afsterven van de koraalriffen een oorzaak heeft, dat het

28 De Jong (2017, 54).

ontstaan van dit boek een oorzaak heeft, en dat het ontstaan van leven op aarde een oorzaak heeft, evenals het ontstaan van de kosmos. Het is innerlijk onmogelijk, zegt Reids principe, dat er iets is ontstaan zonder dat het een oorzaak heeft. Anders gezegd: het is noodzakelijk dat wat is ontstaan, een oorzaak heeft. Als Reid gelijk heeft, betekent dit dat ook dit een toekomstige zekerheid is.

Leibniz ontwikkelde een metafysisch principe dat thans bekendstaat als de wet van Leibniz. Het principe luidt: als A en B identiek zijn, dan geldt: elke eigenschap van A is een eigenschap van B, en vice versa. Toegepast zegt dit principe dat als de koning van Nederland identiek is aan de echtgenoot van Máxima, elke eigenschap van de koning tevens een eigenschap is van Máxima's echtgenoot, en vice versa. Dit principe is eveneens noodzakelijk waar – het is onmogelijk dat als de koning van Nederland identiek is aan de echtgenoot van Máxima, de koning blondharig is, maar Máxima's echtgenoot niet. Maar als de wet van Leibniz noodzakelijk is (en dat is ze), dan is ze tevens een toekomstige zekerheid (althans, als we haar kennen).

Nog weer een ander metafysisch principe zegt dat het verleden onveranderlijk is. Multatuli (1820–1887) schreef de *Max Havelaar* in 1859 in enkele weken tijd.[29] Dit blijft het geval tot in de verre toekomst. De wiskundige L.E.J. Brouwer (1881–1966), grondlegger van het intuïtionisme, bezocht in 1923 de jaarvergadering van de Deutsche Mathematiker-Vereinigung in Marburg.[30] Ook in de toekomst blijft dat het geval.

29 Voor de schrijf- en publicatiegeschiedenis van *Max Havelaar*, zie Van der Meulen (2003, 383–395).
30 Zie Van Dalen (2002, 273).

We denken vaak dat moraal een kwestie is van persoonlijke voorkeur, maar in de filosofische tradities heeft de opvatting dat er morele noodzakelijke waarheden zijn, vele aanhangers gehad, onder meer de reeds eerder genoemde Reid.[31] Hij geeft als voorbeelden dat een onrechtvaardige handeling slechter is dan een onvriendelijke; dat niemand verantwoordelijk gesteld kan worden voor iets wat niet in zijn/haar vermogen lag om te verhinderen; dat we anderen niet moeten behandelen op een manier die we onrechtvaardig zouden vinden als wijzelf zo behandeld zouden worden. Als dit inderdaad noodzakelijke waarheden zijn, dan zijn het ook toekomstige zekerheden.

Ik wijs erop dat wanneer filosofen als Reid claimen dat er noodzakelijke morele waarheden bestaan, ze beslist niet claimen dat *alle* morele waarheden noodzakelijk zijn. Dat Pieter Sjoerds Gerbrandy (1885–1961), de Nederlandse minister-president in oorlogstijd, een dapper man was,[32] is een morele waarheid, maar geen noodzakelijke. Dat Mathilde, de derde vrouw van kunstschilder Carel Willink (1900–1983), uit jaloezie het portret van Willinks tweede vrouw, Wilma, ernstig beschadigde, is eveneens een morele waarheid, maar geen noodzakelijke. Immers, het is niet noodzakelijk dat Gerbrandy dapper en Mathilde jaloers was.

In de filosofie staat alles ter discussie, en alles wat ik tot nu heb gezegd over wat volkomen zeker is, is betwist door filosofen. Sommige hebben betwist dat er noodzakelijke

---

31 Andere voorbeelden zijn de Cambridge platonisten uit de zeventiende eeuw (Henry Moore en Ralph Cudworth) en de twintigste-eeuwer W.D. Ross. Een recente verdediging is Cuneo & Shafer Landau (2014).

32 Zie Fasseur (2014).

waarheden zijn, andere erkennen het bestaan van deze waarheden, maar betwisten de voorbeelden. Dit is niet de juiste plaats om op die bezwaren in te gaan, maar wel om erop te wijzen hoezeer we in het dagelijkse leven de genoemde dingen als volstrekt zeker beschouwen, of we nu filosofen zijn of niet.[33] Uitdrukkelijke twijfel aan deze dingen doet ons de wenkbrauwen fronsen. Juist het feit dat dat zo is, maakt duidelijk hoezeer we ze als onproblematisch aannemen en ze voor volstrekt zeker houden. En als ze, zoals in de filosofische traditie vaak is gezegd, noodzakelijk zijn, dan zijn het toekomstige zekerheden (aannemende dat we ze kennen).

We leven veelal op een vanzelfsprekende manier met deze noodzakelijke waarheden. Dit heeft een interessante implicatie waarop ik wil wijzen, namelijk dat leven met deze waarheden geen moed vergt, geen waagstuk is, omdat het geen risico met zich meebrengt. Dat maakt ze uiteraard niet onbelangrijk. Integendeel. Voor zover het leven een waagstuk is, is het een waagstuk tegen de achtergrond van deze volkomen zekerheden.

De tot nu toe genoemde toekomstige zekerheden zijn *volkomen*. Ik noem ze logisch-metafysische zekerheden, omdat ze gebaseerd zijn op logische en metafysische principes (dan wel zulke principes zijn).

Men zou wellicht bezwaar kunnen maken tegen het feit dat ik deze zekerheden *toekomstige* zekerheden noem. Immers, deze zekerheden hebben toch niet speciaal met de

33 Er is zoiets als *common sense*, en common sense heeft een zeker gezag, ook in het morele leven. Zie hiervoor de drie hoofdstukken van respectievelijk Van Woudenberg, Peels en Lemos in Peels & Van Woudenberg (2021).

toekomst te maken? Dat klopt: ze hebben evenzeer te maken met het verleden en het heden als met de toekomst, en het zijn dus ook *verleden zekerheden* en *huidige zekerheden.* Niettemin zijn het *ook toekomstige zekerheden.*

Toekomstige zekerheden in de tweede klasse hebben een andere aard en zijn doorgaans iets minder zeker. Voorbeelden hiervan zijn zulke zekerheden als dat morgen ijzer (nog steeds) uitzet bij verhitting, dat (ook) over een week massa's elkaar zullen aantrekken, dat over een maand water bevriest bij temperaturen beneden nul graden Celsius en onder normale atmosferische omstandigheden, en dat over een jaar een lichaam dat geheel of gedeeltelijk is ondergedompeld in een vloeistof, een opwaartse druk ondervindt die gelijk is aan het gewicht van de verplaatste vloeistof. Deze en dergelijke zekerheden zijn gebaseerd op, of hangen samen met, natuurlijke regelmatigheden en patronen – patronen waarvan een groot aantal door eminente onderzoekers op formule is gebracht en die soms de naam van hun formuleerder hebben gekregen: de wetten van Archimedes, Kepler, Snellius, Pascal, Boyle, Newton, Lavoisier, Avogadro, Ohm, Faraday, enzovoorts. Deze wetten worden geacht constant te zijn. Ze veranderen niet door de tijd heen. Dat betekent dat ze ook in de toekomst zullen gelden, dat het toekomstige zekerheden zijn. De regering kan wetten uitvaardigen die betrekking hebben op huisvesting, op de uitstoot van CO_2, op belastingtarieven, op kartelvorming, op winkelsluiting, op voedselkwaliteit – en deze wetten kunnen later worden herroepen of bijgesteld. Maar geen mens en geen regering heeft enige invloed op het bestaan van natuurwetten.

Maar we moeten nauwkeuriger zijn, want dit is niet helemaal correct. Natuurwetten, zo zei ik, zijn door onderzoekers op formule gebracht – een door Archimedes, een andere door Kepler, enzovoorts. Maar *wat* brengen deze onderzoekers dan op formule? Het antwoord daarop is: ze brengen *samenhangen* op formule, *regelmatigheden, afhankelijkheden, patronen*. Hoe meer druk, hoe hoger de temperatuur; hoe minder verplaatste vloeistof, hoe geringer de opwaartse druk; hoe groter de massa's, hoe sterker de aantrekkingskracht; enzovoorts.

Natuurwetten zijn dus (mathematische) beschrijvingen van regelmatigheden, patronen en afhankelijkheden in de natuur. Soms worden die patronen, regelmatigheden en afhankelijkheden zelf ook wel wetten genoemd,[34] maar dat werkt verwarring in de hand, en daarom moeten we nauwkeuriger zijn. Want een natuurwet als formule kan zeker worden herroepen of bijgesteld, maar de samenhangen en patronen die ze beschrijft, kunnen dat niet.

Ik wil erop wijzen dat, omdat natuurwetten *formuleringen* zijn, het strikt genomen onjuist is om te zeggen dat opwaartse druk wordt *veroorzaakt* door de wet van Archimedes, of dat er überhaupt iets wordt veroorzaakt door de wetten van de natuur. Wetten zijn *beschrijvingen* van waargenomen samenhangen, patronen, enzovoorts, en beschrijvingen veroorzaken niets. De beschrijving 'In een vloeistof is de opwaartse druk gelijk aan het gewicht van de verplaatste vloeistof' is er niet de oorzaak van dat een

---

34 Dat de beschrijving van natuurlijke patronen en afhankelijkheden *wetten* werden genoemd, heeft, historisch gesproken, een theologische achtergrond. Het idee van onder meer Newton was dat, zoals koningen en magistraten hun onderdanen regeren door wetten, God de natuurlijke wereld regeert door wetten; wetten zijn beschrijvingen van hoe God de natuurlijke wereld regeert. Zie Vermij (1999, 114–116).

boomstam in het water blijft drijven. Natuurwetten veroorzaken evenmin iets als belasting- en verkeerswetten of de regels voor scheepsnavigatie dat doen. Belastingwetten veroorzaken niets – ze beschrijven welke belasting de fiscus heft voor wat, van wie, en onder welke omstandigheden. Regels voor scheepsnavigatie besturen het schip niet – het zijn regels waaraan ervaren kapiteins zich houden tijdens de vaart.

Maar ook als we patronen en regelmatigheden zelf wetten noemen, is het strikt genomen niet juist om te zeggen dat wetten gebeurtenissen *veroorzaken*. Het regelmatige patroon dat de opwaartse druk gelijk is aan het gewicht van de verplaatste vloeistof, is er niet de oorzaak van dat de boomstam in de rivier blijft drijven.

Tal van toekomstige zekerheden hangen samen met patronen en afhankelijkheden in de natuur, waarvan we er sommige, maar waarschijnlijk lang niet alle, op formule hebben kunnen brengen. Het is een toekomstige zekerheid dat de zon blijft opgaan, dat de aarde om haar as blijft wentelen, dat mensen voedsel en water nodig zullen hebben om in leven te blijven, dat mensen zullen sterven, dat er nieuwe diersoorten bedreigd zullen worden, dat aan een appelboom geen kersen zullen gaan groeien, enzovoorts.

Deze en dergelijke toekomstige zekerheden, zo zei ik, hebben een andere aard dan de volkomen zekerheden, en zijn veelal minder zeker. Ze hebben een andere aard omdat de wetten van de natuur niet noodzakelijk zijn zoals ze zijn. De bewering '*Dit* is een regelmatigheid, een patroon, een afhankelijkheid in de natuur' is nooit een noodzakelijke waarheid. Het tegendeel (of de negatie) van een natuurwet is geen innerlijke onmogelijkheid, zoals de negatie van een logisch-metafysisch principe dat wel is. Zo zou Archimedes niets innerlijk onmogelijks hebben gezegd wanneer hij op basis van zijn experimenten in bad had moeten concluderen, dat in een vloeistof de opwaartse druk gelijk is aan de *helft* van het gewicht van de verplaatste vloeistof. En zo was er ook niets innerlijk tegenstrijdigs aan geweest wanneer Newton had moeten zeggen, dat twee massa's elkaar aantrekken met een kracht die evenredig is aan de *som* (en niet het *product*) van beide massa's. Natuurwetten (d.w.z. formuleringen van patronen, regelmatigheden en afhankelijkheden in de natuur) zijn, indien waar, niet *noodzakelijk* waar. Ze zijn, indien waar, *contingent* waar. (*Contingent* betekent 'niet noodzakelijk'.)[35]

Omdat we de wetten van de natuur ook beleven als iets waar we geen greep op hebben, en ze in die zin noodzakelijk zijn, valt het te begrijpen dat filosofen vaak een onderscheid maken tussen twee vormen van noodzakelijkheid: metafysische (of breed logische) noodzakelijkheid en fysische noodzakelijkheid.[36] Wat metafysisch noodzakelijk is, had onmogelijk anders kunnen zijn. Zelfs God kan daar niets aan veranderen.[37] Maar wat fysisch noodzakelijk is, had wel degelijk anders kunnen zijn. Wat fysisch noodzakelijk is, is metafysisch contingent. Hierbij merk ik gelijk op dat *contingent* niet hetzelfde is als *toevallig*. Dat Kees en ik elkaar zien in het restaurant is een contingent feit, want het was metafysisch niet noodzakelijk dat we elkaar zouden zien. Maar het is niet toevallig; we hadden namelijk met elkaar afgesproken.

---

35 Voor argumentatie, zie Barrow & Tipler (1986).

36 Bijvoorbeeld Plantinga (1974, 1–9).

37 Voor discussie hierover, zie Lewis (1952) en Plantinga (1980).

De toekomstige zekerheden in deze tweede groep hebben dus een andere aard dan de toekomstige zekerheden in de eerste groep. Hun zekerheid is bovendien wat minder groot, en dat om twee samenhangende redenen. De eerste reden is dat er, zoals hierboven aangegeven, een verschil is tussen een patroon of regelmatigheid in de natuur enerzijds, en de menselijke formulering daarvan anderzijds. De formulering kan gebrekkig zijn – en dat maakt de geformuleerde wetten of wetmatigheden feilbaar en onzeker op een manier waarop de volkomen zekerheden dat niet zijn. Daarmee hangt de tweede reden samen: we komen tot de formulering van wetten op basis van inductie, kort gezegd: de procedure waarbij men, uitgaande van een beperkt aantal waarnemingen, concludeert tot iets algemeens. Zo concluderen we, op basis van een eindig aantal waarnemingen van wat er gebeurt wanneer we ijzer verhitten (namelijk dat het uitzet), dat ijzer *altijd* uitzet wanneer we het verwarmen.

De scepticus David Hume (1711–1776) is befaamd en berucht wegens zijn kritiek op inductief redeneren. Zijn punt was dat we via inductie nooit volkomen zekerheid kunnen verwerven.[38] Het is altijd mogelijk, en nooit helemaal uit te sluiten, dat er een waarneming wordt gedaan die de inductieve generalisatie ondermijnt. En dat is juist. Via inductie is nooit *volkomen* zekerheid te verwerven. Maar dat betekent niet dat inductie een nacht is waarin alle katten grauw zijn. Er zijn gradaties van zekerheid van inductieve generalisaties. Sommige zijn gebaseerd op meer data dan andere, en daarmee zekerder dan andere. Een algeheel sceptische houding tegenover inductie is daarom ongerechtvaardigd.

---

38 Een goede bespreking van het inductieprobleem is Ladyman (2002, 11–60).

Ook wanneer de wetenschap ons geen volkomen zekerheden geeft, betekent dit niet dat we wat op basis van goed uitgevoerd onderzoek naar voren wordt gebracht, zomaar naast ons neer kunnen leggen. In andere contexten hebben we evenmin volkomen zekerheden, maar handelen we op basis van inschattingen. Elke Nederlander heeft wel een brand-, reis- of annuleringsverzekering – en dat terwijl het beslist niet volkomen zeker is dat je huis vlam zal vatten, of dat je tijdens je vakantie beroofd zult worden, of dat je je reis zult moeten afblazen. De mogelijkheid van brand, diefstal, enzovoorts nemen we serieus, ook al zijn dit geen volkomen zekerheden. Analoog hieraan moeten we ook wat de wetenschap op basis van goed uitgevoerd onderzoek zegt over bijvoorbeeld klimaatverandering en vaccinatie serieus nemen, ook al is er geen volkomen zekerheid. Wat de wetenschap hierover zegt, is in het beste geval boven redelijke twijfel verheven. Gegeven de aard van de patronen en afhankelijkheden in de fysische wereld is dat een basis voor toekomstige zekerheid.

Leven met het soort van zekerheid dat de wetenschap ons kan bieden, is voor een deel ook een waagstuk; zoveel is wel duidelijk. Het is zeker geen puur kansspel, en het is absoluut geen roulette. Maar het is wel een waagstuk – en naarmate het onderzoek tot eenduidiger resultaten leidt, is het waagstuk minder groot.

De toekomstige zekerheden die gebaseerd zijn op wetenschappelijk onderzoek, zijn overigens maar een deel van de zekerheden in de tweede klasse. Ook zonder wetenschap hebben we vele toekomstige zekerheden die samenhangen met regelmatigheden, patronen en afhankelijkheden in de natuur. Er is ten eerste de toekomstige zekerheid *dat* er patronen, regelmatigheden en afhankelijkheden zijn, zelfs nog voordat iemand ook maar enige zekerheid heeft over specifieke patronen of afhankelijkheden. Er zijn ten tweede toekomstige zekerheden die gebaseerd zijn op ervaring en observatie en waar wetenschappelijk onderzoek (zoals we dat nu kennen) geen rol bij heeft gespeeld, bijvoorbeeld de zekerheid dat het water in een poldersloot niet uit zichzelf zal lozen op een ringvaart. En ten derde zijn er toekomstige zekerheden waarvan we ons nauwelijks bewust zijn, maar waarvan uit ons gedrag blijkt dat we ze hebben – zoals de zekerheid dat de brug waar we zo vaak overheen zijn gelopen, ons ook morgen en overmorgen nog wel zal houden, dat de kleding die we vandaag aanhebben, ons de komende tijd ook nog wel zal passen (tenzij we zwanger zijn, of kinderen zijn die in een groeispurt zitten).

De tweede klasse bevat ook wat ik psychologische en sociale toekomstige zekerheden noem. Deze zekerheden hebben betrekking op menselijk gedrag. Het gaat hier om zekerheden van de onvolkomen soort – maar toch om zekerheden. Want hoe men het ook wendt of keert, mensen gedragen zich meestal niet op totaal onvoorspelbare manieren. In het algemeen is de bewering dat niets zo veranderlijk is als een mens, onjuist. In hoe mensen zich gedragen, in wat ze zoeken en wat ze vermijden, in wat ze fijn vinden en wat niet, zitten patronen en regelmatigheden. Ik denk aan zulke elementaire zaken als dat mensen geliefd willen zijn, en gewaardeerd om wie ze zijn en wat ze kunnen; dat ze waarde hechten aan privacy en aan een zekere mate van zelfstandigheid; dat ze niet uitgescholden of gediscrimineerd willen worden, of hatelijk toegesproken; dat ze het niet te warm of te koud willen hebben; dat ze rustig willen kunnen slapen wanneer ze moe zijn; dat ze graag enige bezittingen hebben; dat ze vrij willen zijn om te gaan en te staan waar ze willen. Dit zijn zeer globale patronen die samenhangen met de *aard* van de mens. Veel van deze patronen zijn algemeen bekend; niemand zal verbaasd zijn over de voorbeelden in mijn korte opsomming. Deze en dergelijke patronen bieden, zo wil ik suggereren, toekomstige zekerheden. Ze zeggen ons iets over hoe mensen in de toekomst zich zullen gedragen, over wat mensen ook in de toekomst zullen zoeken en vermijden, wat ze fijn zullen vinden en wat niet. Veel spreekwoorden brengen, op aforistische wijze, toekomstige zekerheden tot uitdrukking. Hier zijn er enkele:

- Het zijn sterke benen die weelde kunnen dragen. (In voorspoed gaat men zich gemakkelijk te buiten.)
- Nieuwe bezems vegen schoon. (In het begin doet iedereen extra zijn best.)
- Men moet geen oude bomen verzetten. (Oude mensen moet je niet willen laten verhuizen.)
- Hoge bomen vangen veel wind. (Personen van aanzien, die hoge betrekkingen bekleden, staan bloot aan beoordeling, aan haat, nijd, laster.)
- Wiens brood men eet, diens woord men spreekt. (Je staat aan de kant van degene die jou onderhoudt.)
- Geen geld, geen Zwitsers. (Als je geen geld hebt, krijg je niets voor elkaar.)
- Al te goed is buurmans gek. (Als je al te goedhartig bent, neemt men gemakkelijk een loopje met je.)
- Strenge heren regeren niet lang. (Wanneer je als een leidinggevende niet een beetje soepel bent, verlies je snel je gezag.)

- Zoals de waard is, vertrouwt hij zijn gasten. (Als jijzelf niet te vertrouwen bent, vertrouw je anderen ook niet.)
- Wie goed doet, goed ontmoet. (Wie goede dingen doet voor andere mensen, kan goede dingen terugverwachten.)

Deze spreekwoorden hebben alle dezelfde structuur, namelijk 'als..., dan...' Ze zeggen dat als iets het geval is (als je voorspoed hebt, een persoon van aanzien bent, iets goeds doet voor een ander), iets anders ook het geval zal zijn (dan ga je je gemakkelijk te buiten, zul je meer dan anderen kritiek ondervinden, kan je goede dingen terugverwachten). Anders gezegd: het gaat om regelmatigheden, samenhangen en patronen. Mensen hebben zulke patronen ervaren, en die ervaring is, zoals ik zei, neergelegd in spreekwoorden. Onze ervaringen met die patronen en regelmatigheden, en de kennis ervan, vormen de basis voor toekomstige zekerheden – zekerheden over wat mensen ook in de toekomst zullen doen, en wat ze te wachten staat wanneer ze voorspoed hebben, of wanneer ze een positie van aanzien verkrijgen, of wanneer ze goede dingen doen. Die regelmatige patronen in het menselijk leven zijn niet alleen in spreekwoorden onder woorden gebracht, maar ook in de bijbelse wijsheidsliteratuur ('Wie onrecht zaait, zal onheil oogsten'[39]) en in de fabels van Aesopus.

Naast de nederige patronen die in spreekwoorden en wijsheidsliteratuur tot uitdrukking komen, zijn er patronen in menselijk gedrag die door psychologen, gedragswetenschappers en sociologen worden bestudeerd. Kennis van die patronen geeft toekomstige zekerheid.

---

39 Spreuken 21:8.

Het gaat hier uiteraard niet om de volkomen zekerheid van logisch-metafysische waarheden. De zekerheden hier zijn ook niet zo groot als andere toekomstige zekerheden in de tweede klasse, zoals de zekerheid dat over vijf jaar water bevriest bij temperaturen beneden nul graden Celsius en onder normale atmosferische omstandigheden. Niettemin zijn het zekerheden – het zijn geen toevallige samenlopen van omstandigheden. Er zijn patronen van het soort '*altijd* als A, dan ook B', maar er zijn ook patronen van het soort '*meestal* (*doorgaans*, *in het algemeen*) als A, dan ook B'. De patronen waarover ik het nu heb, zijn van de laatste soort. Doorgaans is er geld nodig om iets gedaan te krijgen (maar niet altijd). Meestal staan mensen aan de kant van degenen van wie ze afhankelijk zijn (maar soms niet). In het algemeen geldt dat als jezelf niet te vertrouwen bent, je anderen niet zult vertrouwen (maar er zijn uitzonderingen). In de praktijk van alledag leven we met toekomstige zekerheden als deze. We benaderen anderen niet alsof we geen enkel idee hebben van wat ze zoeken en wat ze mijden, geen enkel idee van hoe ze bejegend willen worden. Nee, we hebben wel degelijk een idee van deze dingen, en van algemeen menselijke reactiepatronen. Kennis van dergelijke patronen geeft ons toekomstige zekerheid omtrent menselijk gedrag.

Ook hier kan een lezer een mogelijk bezwaar misschien niet onderdrukken: deze patronen hebben net zomin als de logisch-metafysische patronen speciaal met de toekomst te maken. Ze hebben evenveel te maken met het verleden en het heden. Ook dit is waar. Maar het laat onverlet dat we de lijnen kunnen doortrekken naar de toekomst. Op deze patronen is een aantal van onze toekomstige zekerheden gebaseerd.

Leven met deze zekerheden is – anders dan leven met de logisch-metafysische principes, en veel meer dan leven met de fysische zekerheden – een *waagstuk*. Het is niet *volkomen* zeker dat wie goed doet, goed ontmoet, of dat nieuwe bezems schoonvegen. Maar in het algemeen klopt het wel. Of de algemeenheid opgaat in een specifiek geval, moeten we per geval bekijken. Maar zelfs zonder specifieke kennis aangaande een individueel geval is het een toekomstige zekerheid dat *doorgaans* wanneer A het geval is, ook B het geval zal zijn.

Laat ik nu overgaan naar de derde klasse van toekomstige zekerheden. Het bijzondere van de zekerheden in deze klasse is dat ze, anders dan de zekerheden in de tot nu toe besproken klassen, exclusief met de toekomst van doen hebben. Om deze zekerheden op het spoor te komen, kunnen we beginnen met een blik te slaan in onze agenda. In mijn agenda zie ik staan: colleges op maandag, dinsdag en donderdag; een juryvergadering van de Koninklijke Hollandsche Maatschappij der Wetenschappen; een dinerafspraak met Frank en Nynke; bijeenkomsten van mijn onderzoeksgroep; overleg met het afdelingshoofd; overleg met promovendi; deadlines voor nota's, papers en manuscripten, enzovoorts. Als ik me afvraag wat mijn toekomstige zekerheden zijn, dan licht mijn agenda me in. Het is zeker dat ik maandag, dinsdag en donderdag college moet geven, dat er een juryvergadering gaat plaatsvinden, dat ik een afspraak heb met Frank en Nynke, enzovoorts. Al deze zekerheden zijn, ofwel direct ofwel indirect, gebaseerd op beloften, gedaan door mij, door anderen en met elkaar. Als jij belooft een taart voor me te bakken, dan is dat, wel, een belofte – en het geeft mij een bepaald soort zekerheid over wat er in de toekomst zal gaan gebeuren. Elke bezoekafspraak die je maakt met familie of vrienden, is een belofte van jou aan hen dat je er daar en dan zult zijn, en het is een belofte van hen aan jou dat zij er daar en dan ook zullen zijn. Zulke afspraken zijn *wederzijdse* beloften. Sommige wederzijdse afspraken worden in contracten vastgelegd. Als je een verzekering afsluit, is dat een contract – en een contract is een wederzijdse belofte: jij belooft maandelijks een premie te betalen, en Nationale-Nederlanden belooft in geval van brand een bepaalde som geld uit te keren waarmee je de opgelopen schade kunt herstellen. Dergelijke beloften genereren zekerheid voor de toekomst.

In het volgende hoofdstuk ga ik in op de anatomie van beloften, en in het hoofdstuk erna, op de vele verschijningsvormen van beloften. Ik sluit het huidige hoofdstuk af met een korte opmerking over de mate van zekerheid die beloften kunnen genereren. Als jij mij iets belooft, bijvoorbeeld dat je een boek voor me zult meenemen, of dat je me komt helpen bij het snoeien van een rozenstruik in mijn tuin, of dat je me zult leren hoe ik een stuk flamencomuziek moet spelen, dan schep je daarmee voor mij een bepaalde zekerheid. Beloften genereren zekerheid voor degene aan wie de belofte gedaan wordt – of voorzichtiger en dus beter geformuleerd: ze *kunnen* zekerheid geven. En feitelijk geven ze ons *vele* zekerheden. Kijk maar in je agenda, of besef hoezeer je erop vertrouwt dat de verzekering bij schade of ongeval uit zal keren.

De zekerheid die beloften kunnen geven, is niet de *volkomen* zekerheid van de wiskunde, logica en metafysica. Ze is ook anders dan de zekerheden die samenhangen met de fysische, psychologische en sociale patronen, regelmatigheden en afhankelijkheden die we kunnen waarnemen. Beloften zijn vaak minder zeker, en leven met beloften is in zekere zin nog meer een waagstuk dan leven met de patronen die zijn neergelegd in spreekwoorden en wijsheidsspreuken. Niettemin kunnen beloften toekomstige zekerheden geven. Wanneer ze dat doen, hoe dat werkt, en wanneer het redelijk en verantwoord is die zekerheid te hebben, is het onderwerp van de rest van dit boek.

HOOFDSTUK 3

Beloften: aard

Beloften, zo stelde ik in het vorige hoofdstuk, zijn een basis voor toekomstige zekerheden. Die stelling ga ik in dit hoofdstuk uitwerken door met enige precisie na te gaan wat beloften nu eigenlijk zijn; in het volgende hoofdstuk ga ik na welke verschijningsvormen ze kunnen aannemen. In het daaropvolgende hoofdstuk bespreek ik dan de vraag wanneer het rationeel is om een belofte te vertrouwen en erop te bouwen, dat wil zeggen: onder welke condities een belofte toekomstige zekerheid biedt. Want, zo weten we soms uit pijnlijke ervaring, niet alle beloften zijn te vertrouwen.

Dus, wat is een belofte? Er zijn filosofen die zeggen dat een belofte een voorspelling is – een voorspelling over je eigen toekomstig gedrag. Wanneer ik jou beloof dat ik je volgende week kom helpen met het schilderen van je huis, dan doe ik een voorspelling over wat ik volgende week zal gaan doen, namelijk jou helpen schilderen. Zoals Gerrit Hiemstra in het achtuurjournaal voorspelt dat het volgende week koud zal zijn, zo voorspel ik, door deze belofte te doen, dat ik volgende week aan het schilderen zal zijn – althans, dat zeggen deze filosofen.

Maar dit kan niet correct zijn. Er zijn immers belangrijke verschillen tussen beloven en voorspellen. We voorspellen dingen waarop we geen duidelijke invloed kunnen uitoefenen. We voorspellen hoe de aandelenkoersen zich zullen ontwikkelen, wie de nieuwe minister-president van Nederland zal worden, wat de lifestyletrends in het komende decennium zullen zijn – zaken waarop we geen greep hebben en waarop we op z'n hoogst alleen zeer indirect invloed kunnen uitoefenen. Maar op mijn gedrag van volgende week heb ik een behoorlijk duidelijke invloed, een tamelijk directe greep. Ik zeg 'behoorlijk' en 'tamelijk', omdat ik in een overmachtssituatie verzeild kan raken: ik kan mijn armen breken, onverwachts naar een begrafenis moeten of, terwijl ik naar jou onderweg ben, aangereden worden door een tractor. Overmachtssituaties daargelaten heb ik een degelijke greep op mijn gedrag van volgende week.

Er is nog een ander fundamenteel verschil tussen beloven en voorspellen. Wanneer ik jou beloof dat ik je kom helpen met schilderen, en ik kom niet, dan sta ik schuldig tegenover jou. Maar wanneer het door Gerrit Hiemstra voorspelde weer uitblijft, dan staat hij niet schuldig tegenover ons. Belofte maakt schuld, voorspelling niet. Dus als beloften voorspellingen zouden zijn over eigen toekomstig gedrag, dan zou ik niet schuldig staan tegenover jou als ik niet kom opdagen. Maar dat sta ik wel. En dus is een belofte geen voorspelling over eigen toekomstig gedrag.

Dit betekent niet dat er geen relatie is tussen beloven en voorspellen. Maar die ligt anders. Door een belofte te doen, voorspel ik mijn eigen gedrag niet, maar *maak ik* voor anderen *mijn gedrag voorspelbaar*. En door mijn gedrag voorspelbaar te maken, geef ik aan anderen zekerheid – *toekomstige zekerheid*. Die anderen kunnen nu op mij rekenen. Dit is het eenvoudige, maar grondleggende idee van dit hoofdstuk. Beloften die aan ons zijn gedaan, maken het gedrag van anderen voor ons voorspelbaar, en daarmee bieden beloften toekomstige zekerheid. Natuurlijk moet je, zoals aangegeven, niet elke belofte geloven; in een volgend hoofdstuk ga ik daarom in op de vraag wanneer een belofte een *gerechtvaardigde* toekomstige zekerheid biedt.

Een belofte is niet alleen geen voorspelling, maar ook geen voornemen, zelfs geen stellig voornemen. Als ik me voorneem om naar de tentoonstelling over The Rolling Stones in het Groninger Museum te gaan, doe ik daarmee aan niemand een belofte, ook niet aan mezelf (aannemende dat je jezelf iets kunt beloven, wat ik verderop zal betwisten). Als mijn voornemen mislukt door wat voor omstandigheden dan ook, dan kan ik dat jammer vinden, vervelend of frustrerend, maar ik zal me niet schuldig voelen. Ik heb geen morele fout gemaakt jegens iemand. En hier volgt uit dat een belofte geen voornemen is. Ik kan me dingen voornemen zonder iets te beloven.

Hiermee hangt een ander verschil samen. Een voornemen is een voornemen, of ik dat voornemen nu communiceer aan anderen of niet. Je iets voornemen is in principe een solitaire aangelegenheid, je hebt daar geen anderen voor nodig. Maar iets beloven is een sociale aangelegenheid, want er moet gecommuniceerd worden met een ander. Je kunt niet iets beloven als er geen ander is: beloven vergt een persoon aan wie de belofte gedaan wordt. Je hebt ook niets beloofd als je niets hebt gecommuniceerd: beloven vergt communicatie waardoor de ander weet dat hem of haar iets beloofd is, en wat dat is. Een belofte is daarom niet hetzelfde als een voornemen, want een voornemen vergt geen communicatie. Olifanten, leeuwen, dolfijnen, haviken en muizen doen geen beloften, en dat hangt samen met zowel de afwezigheid van een ontwikkeld taalvermogen in dieren[40] als het

40 Zie Wynne & Udell (2013, 277–296).

gegeven dat dieren geen morele verplichtingen kunnen hebben en dus niet schuldig kunnen staan, wat voor het doen van een belofte wel vereist is.

Het bovenstaande betekent niet dat er geen relatie is tussen beloven en voornemen. Als ik beloof te komen helpen, dan vergt dat tegelijk dat ik me voorneem om dat te gaan doen. Sterker nog: als ik beloof jou te komen helpen, dan zeg ik daar normaliter mee dat ik het voornemen heb om je te komen helpen, en is het mijn bedoeling jou te doen geloven *dat* dat mijn voornemen is.[41] Als ik beloof je op te halen, maar ik heb niet het voornemen om dat ook echt te doen, dan gaat er iets mis. Er gaat iets mis *met mij*, maar mijn woorden zijn nog steeds een belofte. Als ik die niet nakom, heb jij een terechte klacht over *mij*, niet over mijn belofte. En je kunt die klacht alleen maar hebben omdat wat ik gecommuniceerd had, inderdaad een belofte was, zij het een onoprechte. (We mogen echter niet vergeten dat rotte appels het bestaan van gezonde, smakelijke en eetbare appels niet uitsluiten. Waar het voor de betrokkene op aankomt, is ze van elkaar te onderscheiden.)

Als een belofte geen voorspelling is en evenmin een voornemen (al zijn er de relaties waarop ik wees), wat is het dan wel? Een belofte is een toezegging; een toezegging aan iemand; een toezegging dat je iets zult gaan doen. Als ik beloof je op te halen, dan is dat de toezegging; een toezegging aan jou; de toezegging dat ik je kom ophalen.

Het is een open deur, maar ik wil het volgende toch expliciet zeggen, omdat het in het vervolg zo'n belangrijke rol zal spelen: een belofte, dus een toezegging, is een *morele* categorie. Iets beloven is een *morele* handeling. Daarom gene-

---

41 Zie hiervoor Scanlon (1990, 211).

reert het doen van een belofte een *verplichting*, wat een morele categorie is. Belofte, zo luidt het spreekwoord, maakt *schuld* – ook een morele categorie. Door een belofte niet na te komen (door hem, zoals we zeggen, te breken), staan we schuldig tegenover degene aan wie de belofte was gedaan. Als je een belofte doet, geef je daarmee de ander het *morele recht* om je erop aan te spreken, je een verwijt te maken, je zelfs aan te klagen, wanneer je de belofte niet nakomt.

Om beter te begrijpen wat beloften zijn en hoe ze werken, geef ik in dit hoofdstuk een aantal voorbeelden van beloften waar iets mis mee is.[42] Hun mankementen zijn verhulde hints omtrent de regels waaraan een communicatie moet voldoen, wil het een echte en geslaagde belofte zijn.

Stel dat ik tegen jou zeg: 'Ik beloof je dat er in de winter van 2022 een Elfstedentocht zal worden gereden.' Dan doe ik een belofte waar iets mis mee is. *Wat* is er mis mee? Het is dit: ik beloof iets waarop ik geen greep heb. Ik kan immers geen invloed uitoefenen op het weer in Friesland in 2022. Om dezelfde reden is de belofte van de voormalige Amerikaanse president Trump, dat hij de muur die hij zou bouwen tussen Mexico en de VS, door Mexico zou laten betalen, gemankeerd. En zo ook de belofte van de VN in 1992 om zogeheten gedemilitariseerde *safe zones* te creëren in het voormalige Joegoslavië ten behoeve van vluchtelingen.[43] Het lag niet in de macht van Trump en van de VN om hetgeen beloofd was, te doen. Deze gemankeerde beloften bevatten een vingerwijzing naar een eerste regel die geldt voor het doen van een belofte:

42 Ik ben hierbij schatplichtig aan Searle (1969, 67–77).

43 Zie Van der Bruggen & Ten Have (2016).

Eerste regel. Beloof alleen dingen waarop je greep hebt, dingen waarvan het in je macht ligt om ze te doen.[44]

Veel beloften die in politieke campagnes worden gedaan, lijken de eerste regel te schenden en men zou kunnen denken dat we de politiek daarom grondig moeten wantrouwen. Dat zou echter een te simpele reactie zijn. Want net zoals we een onderscheid maken tussen resultaatsverplichtingen en inspanningsverplichtingen, kunnen we een onderscheid maken tussen resultaatsbeloften en inspanningsbeloften. Je kunt beloven dat je zult komen (een resultaatsbelofte), maar je kunt ook beloven dat je ernaar zult *streven* om te komen (een inspanningsbelofte). Je kunt de laatstgenoemde belofte hebben gehouden, ook als het je niet is gelukt om te komen. Politieke beloften hebben veelal een inspanningskarakter. In ons land is dat ook realistisch, gezien het feit dat geen enkele partij een zetelmeerderheid in het parlement heeft. Compromissen zijn onvermijdelijk – en ze impliceren niet noodzakelijk het breken van een belofte.[45]

Wie iets belooft, maar daarbij de eerste regel schendt, heeft niettemin iets beloofd. Het kan zijn dat je ten onrech-

---

44 Een alternatieve formulering van deze regel is: beloof alleen dingen waarop je *denkt* greep te hebben. Deze formulering introduceert echter complicaties waaraan ik in de context van dit boek voorbij kan gaan.

45 De eerste regel voor beloften is in zekere zin analoog aan de zogeheten regel voor beweren, die luidt: beweer alleen wat je weet (en wat dus waar is). Als je niet weet wanneer de trein uit Amsterdam naar Gare du Nord vertrekt, moet je ook niet beweren dat de trein om 16.05 uur vertrekt, zegt deze regel. 'Beweer alleen wat je weet' is analoog aan 'Beloof alleen wat je kunt waarmaken'. De regel voor beweren is vooral uitgewerkt in Williamson (2000, hfst. 11).

te dacht dat je greep had op wat je beloofde. Maar het blijft een belofte. Want je staat schuldig tegenover degene aan wie je de belofte deed. Soms kan hetgeen beloofd is alsnog werkelijkheid worden door een hernieuwde inspanning van de belover. Dan is de schuld verdwenen. Maar soms kan dat niet. Dan blijft de schuld staan en loopt de relatie een deuk of deukje op, en de betrokkenen moeten daarmee op de een of andere manier in het reine zien te komen. Vergeven is een optie, net als vergeten of de relatie verbreken.[46]

Stel dat ik tegen je zeg: 'Ik beloof je een schop tegen je schenen te geven.' Aannemend dat jij net zomin als anderen tegen de schenen geschopt wil worden, is ook dit een gemankeerde belofte. Waarom? Niet omdat ze in strijd is met de eerste regel, want het ligt zeker in mijn vermogen je tegen de schenen te schoppen. Wat er mis mee is, is dat wat ik beloof, door jou niet wordt gewenst of begeerd, door jou niet als een goed wordt ervaren. Het mankement in deze belofte is een vingerwijzing naar een volgende regel:

> *Tweede regel.* Beloof alleen iets wat de ander wenst of begeert, dus alleen iets wat door de ander als goed wordt gezien.

Dat de tweede regel werkelijk geldt voor beloven, blijkt ook hieruit: je bent ontslagen van een gedane belofte wanneer de betrokkene het beloofde niet langer begeert, bijvoorbeeld omdat hij/zij het begeerde goed al via een andere weg heeft verkregen. Als jij hebt beloofd het nieuwste boek van Ilja Leonard Pfeijffer voor me mee te nemen (want dat wil ik graag

---

46 Deze opties worden op heldere wijze geëxploreerd in Hirschman (1970).

lezen), en ik laat je weten dat ik het boek inmiddels al heb, dan ben je daarmee ontslagen van de plicht het boek voor me mee te nemen. Schendingen van de tweede regel zien we in zulke uitspraken als ‘Ik beloof je dat ik je dat betaald zal zetten’ en ‘Ik beloof je dat ik mijn pink zal opeten’, aannemend dat je geen trek hebt in een afrekening en het niet als een goed ervaart dat ik mijn pink verorber.

Deze laatste twee voorbeelden stellen ons voor een dilemma. Hebben we hier te maken met beloften die in strijd zijn met de tweede regel, of *zijn* het helemaal geen beloften, juist *omdat* ze strijden met deze regel? Ik betoog het laatste. ‘Ik beloof je dat ik je tegen je schenen zal schoppen’ is geen belofte, omdat, als ik je niet tegen de schenen schop, ik niet schuldig tegenover jou sta. Je kunt en zult niet naar me toe komen om me terecht te wijzen en me te wijzen op een niet-nagekomen verplichting. Daarom is dit geen belofte, maar een dreigement, verpakt in beloftetaal. Dit is geen belofte, evenmin als dat vals geld, geld is, of een onware vriend, een vriend. Wat betreft ‘Ik beloof je dat ik mijn pink zal opeten’ ligt de zaak niet wezenlijk anders en is er wederom geen sprake van een belofte. Er is geen sprake van een belofte omdat, als ik mijn pink *niet* opeet, ik niet schuldig tegenover jou sta en jij geen terechte klacht hebt over mij als ik mijn belofte niet heb gehouden – immers, jij wenste of begeerde helemaal niet dat ik mijn pink zou opeten. Ook al zijn deze twee voorbeelden geen beloften, ze laten vanuit het negatieve zien dat de tweede regel een norm stelt voor een belofte.

De volgende belofte-uitspraken zijn ook gemankeerd: ‘Ik beloof je dat Hugo de Groot *Mare liberum* heeft geschreven.’ ‘Ik beloof je dat er in 1750 een slavenopstand uitbrak op

Curaçao.' 'Ik beloof je dat de Universiteit Leiden de oudste universiteit van Nederland is.' Dit zijn geen dingen die ik kan beloven. Waarom niet? Omdat wat ik zeg te beloven, historische feiten zijn. En zulke feiten kunnen niet beloofd worden. Ik kan niet iets beloven wat in het verleden gebeurd is. Ik kan ook niet iets beloven wat nu (al) een actueel feit is. Ik kan niet beloven dat Meerssen in Limburg ligt, of dat het nu regent. Ook iets wat noodzakelijk zo is, zoals dat elke cirkel een middelpunt heeft, kan niet beloofd worden. Beloften kunnen alleen betrekking hebben op toekomstige contingente gebeurtenissen. Ik zeg daarom dat er nog een andere normatieve regel geldt voor het doen van beloften:

> *Derde regel.* Beloof alleen iets wat nog geen feit, nog geen werkelijkheid is (maar in principe wel werkelijkheid zou kunnen worden).

Deze regel houdt uiteraard nauw verband met de eerste regel ('Beloof alleen dingen waarop je greep hebt'). Immers, wij kunnen het verleden en het heden niet veranderen, en wat noodzakelijk is evenmin: hierop hebben we geen greep. Alleen op de toekomst hebben we (enige) greep. Daarom kunnen we alleen maar dingen beloven die in de toekomst liggen.

De derde regel maakt duidelijk wat er mis is met bovenstaande uitspraken. Moeten we nu ook zeggen dat het geen beloften zijn *omdat* ze in strijd zijn met deze regel? Als het beloften zijn, zijn het in elk geval beloften met een categoriefout: er wordt iets beloofd wat niet beloofd kan worden. Alleen iets wat nog geen werkelijkheid is, maar het in principe wel kan worden, kan beloofd worden. Andere voorbeelden van uitspraken met een categoriefout zijn: ‘Haar droom was 1,5 cm’ (een droom is niet het soort ding dat een lengte kan hebben) en ‘Caesar is een priemgetal’ (een persoon is niet het soort ding dat een getal kan zijn). Of de beloften met een categoriefout echt beloften zijn, is lastig te zeggen. Maar ieder die ze hoort, zal de schouders erover ophalen. Ze zijn irrelevant; en het zijn zeker geen toekomstige zekerheden omwille van het feit dat ze ‘beloofd’ zijn.

Belofte-uitspraken kunnen nog andere mankementen vertonen. Bezie eens: ‘Ik beloof je dat ik kom als ik kom.’ ‘Ik beloof je dat ik zal lachen als ik het grappig vind.’ ‘Ik beloof je dat als de maaltijd in mijn maag zit, de spijsvertering haar werk zal doen.’ Deze uitspraken hebben betrekking op iets wat in mijn macht ligt om te doen. Althans, het ligt in mijn macht om te komen, om te lachen en om een maaltijd te nuttigen; ze strijden dus niet met de eerste regel. Laten we vervolgens aannemen dat jij graag wilt dat ik kom, lach of een goede spijsvertering heb. Dan zijn deze uitspraken dus ook niet in strijd met de tweede regel. Ze strijden evenmin met de derde regel, aangezien ze toekomstige contingente gebeurtenissen lijken te betreffen – immers, ik ben nog niet gekomen, ik lach nog niet, ik heb nog niets gegeten. Hun mankement moet dus ergens anders liggen. En dat is hier: de dingen die ik je beloof, zijn dingen die ik toch wel doe, ook zonder ze te beloven – sterker nog, het zijn dingen die in zekere zin onvermijdelijk zijn. Het is onvermijdelijk dat als ik kom, ik kom, dus heeft het geen zin hier een belofte aan vuil te maken. Het is onvermijdelijk dat ik zal lachen als ik het verhaal grappig vind, dus is het onzinnig daar een belofte over te doen. Hetzelfde geldt voor de spijsverteringsbelofte. Ik zie hier een vingerwijzing naar een volgende norm:

Vierde regel. Beloof niet iets wat onafhankelijk van je belofte toch al zal gebeuren.

Een belofte waarvan het mankement minder gemakkelijk is te doorzien, is deze: 'Ik beloof je dat ik vanaf nu 95% van mijn salaris aan goede doelen zal geven.' Stel dat ik dit aan jou beloof, terwijl mijn vrouw en ik voor het draaiende houden van ons gezin zeker 40% van mijn salaris nodig hebben. Mijn belofte is problematisch, maar niet omdat ze een van de tot nu toe genoemde regels zou schenden. Dat doet ze niet – immers, het ligt in mijn vermogen om die 95% weg te geven; de aldus begunstigde organisaties zullen mijn overmakingen als iets goeds zien; mijn belofte betreft een toekomstige handeling; en als ik de toezegging niet doe, zal de overmaking van die 95% niet toch al gebeuren. Nee, deze belofte is problematisch omdat ze *excessief* is en daardoor degenen die van mij afhankelijk zijn, schaadt. Deze belofte genereert een verplichting die op gespannen voet staat met andere verplichtingen die ik heb, zoals de verplichting om voor mijn gezin te zorgen. Ik zie hier een vingerwijzing naar een normatieve regel die stelt dat je niet iets aan anderen moet beloven als derden die afhankelijk van je zijn, daar schade van ondervinden. Maar dit vergt verdere precisering. Het kan zijn dat derden bereid zijn de schade te dragen. En het kan zijn dat derden wel een klein beetje nadeel gaan ervaren, maar niet zoveel dat het je zou moeten weerhouden de belofte te doen. Teneinde dergelijke gevallen te kunnen accommoderen, is dit een betere formulering van deze regel:

Vijfde regel. Beloof niet iets aan anderen als derden die afhankelijk van je zijn, daar serieuze schade van zullen ondervinden en niet zouden instemmen met de belofte.

Deze regel is, net als de eerdere vier, een normatieve regel. Maar anders dan die eerdere vier regels is dit een ethische regel over wanneer het moreel gesproken gepast is om een belofte te doen. De eerdere regels zijn normatief, maar niet op een ethische manier; ze zijn, zoals wel wordt gezegd, constitutief. Het volgen van die regels is noodzakelijk voor het überhaupt kunnen *doen* van een belofte. Daarentegen zijn de vijfde regel en de regels die hierna nog zullen volgen, regels die betrekking hebben op de vraag of een belofte ethisch gesproken juist is of niet.[47]

Een andere regel komt in beeld wanneer we de volgende uitspraken bezien: 'Ik beloof je dat ik mijn chemisch afval rechtstreeks op het open water zal lozen.' 'Ik beloof je dat ik je buurman (die zo onaardig tegen je doet) zal omleggen.' 'Ik beloof je dat ik de leerlingen deze samenzweringstheorie als de zuivere waarheid zal voorhouden.' Deze belofte-uitspraken zijn niet in strijd met de vijf tot nu toe genoemde regels. Niettemin zijn het beloften met een serieus mankement. Wat hier problematisch is, komt aan het licht in deze regel:

Zesde regel. Beloof niet iets wat immoreel is.

47 De regels van het schaakspel zijn constitutief voor het spel, dat wil zeggen: zonder die regels zou het spel geen *schaak*spel zijn. Maar deze constitutieve regels zeggen niets over of een bepaalde zet in een partij een goede is of niet. Voor diverse verschillen tussen soorten van regels, zie Duintjer (1977).

Evenals de vorige is dit een ethische regel over wanneer het – moreel gesproken – toegestaan is om een belofte te doen. Terwijl de vijfde regel het ethische gehalte van een belofte beoordeelt op grond van de effecten voor derden, beoordeelt de zesde regel het ethische gehalte op grond van de inhoud van hetgeen beloofd wordt.

In 1632 opende Casparus Barlaeus (1584–1648) in Amsterdam het Athenaeum Illustre, de voorloper van de huidige Universiteit van Amsterdam, met de beroemd geworden rede 'Mercator sapiens' ('de wijze koopman'). Daarin benadrukte hij onder meer het belang van wat ik de zesde regel heb genoemd. Want de belangrijkste basisregel voor wijs koopmanschap is dat wat nuttig schijnt, niet oneerlijk mag zijn, en dat wat oneerlijk is, niet nuttig mag schijnen. Waar eerlijke beloften worden gedaan, dus waar beloften conform de zesde regel zijn, daar zijn de voorwaarden vervuld voor wat wel een high-trustsamenleving is genoemd.[48]

Ook in het criminele circuit doet men elkaar beloften.[49] Een lid van een criminele organisatie kan beloven om mevrouw X om te leggen. Deze belofte schendt de zesde regel en is daarmee een immorele belofte, dat wil zeggen: het is immoreel die belofte te doen. De crimineel is erop aanspreekbaar dat hij zulke beloften doet. Echter, als hij de belofte niet nakomt, dus als hij mevrouw X niet omlegt, dan zit hij in een spagaat: hij staat schuldig tegenover de bendeleider, maar staat niet schuldig voor de rechter. Maar algemeen gesproken geldt dat een immorele belofte, ethisch gesproken, geen enkele verplichting genereert.

Is er niet nog een andere norm voor het doen van belof-

---

48 Ik baseer me hier op Mak (2007, 155–157).

49 Zie Lensink (2014).

ten? Is het niet een vereiste dat wie een belofte doet, eerlijk en oprecht is, dat wil zeggen: werkelijk voornemens is het beloofde te doen? Eerder wees ik er al op dat er iets misgaat wanneer de belover niet van zins is het beloofde ook te doen. Dit wijst op deze regel:

> *Zevende regel.* Beloof alleen iets wanneer je ook de bedoeling hebt om de belofte na te komen.

Ook dit is een ethische regel – het is een regel die, net als de voorgaande twee, deel uitmaakt van de ethiek van het beloven. Beloften die deze regel schenden, zijn en blijven beloften. Oprechtheid is geen constitutieve voorwaarde voor het doen van een belofte. Ook al *behoor* je (ethisch gesproken) als je een belofte doet, oprecht te zijn, het is geen voorwaarde voor je woorden om een belofte te zijn, dat je ze oprecht hebt gemeend. Want degene die een onoprechte belofte doet, staat schuldig wanneer hij/zij de belofte niet nakomt – dat de belofte onoprecht was, doet daar niets aan af. Een onoprechte belofte is nog steeds een belofte, net zoals een onware bewering nog steeds een bewering is en een ongepaste vraag nog steeds een vraag.

Ik concludeer dat we, normatief gesproken, op een adequate manier een belofte doen wanneer we deze zeven regels in acht nemen.[50] Met beloften die conform deze regels zijn gedaan, is niets mis. Ze genereren een verplichting bij degene die de belofte doet. Bij niet-nakoming staat de belover schuldig tegenover degene aan wie hij/zij de belofte heeft gedaan.

---

50 Ik beweer overigens niet dat de zeven genoemde regels de enige regels zijn die gelden voor het doen van een belofte.

Het cruciale punt dat ik wil maken, is dat beloften die conform deze regels gedaan worden, toekomstige zekerheid bieden aan degene aan wie de belofte gedaan wordt. Wij mensen kunnen elkaar toekomstige zekerheden geven middels beloften die conform de zeven regels zijn gedaan. Als jij mij belooft dat je me komt helpen met schilderen en je hebt de regels gevolgd, dan geeft die belofte mij een toekomstige zekerheid. Geen volstrekte zekerheid, en niet die mate van zekerheid die de toekomstige zekerheden van de tweede klasse hebben, maar niettemin een zekerheid. Leven met deze 'zachte' zekerheden maakt het leven in veel sterkere mate tot een waagstuk en een avontuur dan het leven met de toekomstige zekerheden in de andere twee klassen.

Eerder in dit hoofdstuk wees ik er al op dat het voor een goede en geslaagde belofte vereist is dat de belofte gecommuniceerd en 'overgekomen' is. Wanneer ik aan jou een belofte doe juist op het moment dat er een straaljager overvliegt, waardoor je mijn woorden niet hebt kunnen horen, of juist op het moment dat jij de audiofunctie van de Zoomverbinding hebt uitgezet, dan is er van een belofte geen sprake. Want er is niets op basis waarvan je een klacht kunt hebben over mij bij niet-naleving. Je kunt me niet aanspreken op mijn belofte, omdat je geen weet hebt van mijn belofte. Je hebt haar immers niet gehoord; de belofte is niet overgekomen. En een niet-overgekomen belofte *is* geen belofte. Ik ga ervan uit dat bij het beloven deze voorwaarde ook is vervuld.

Wanneer we nu nog eens naar de regels kijken, dan kunnen we zien dat het regels zijn die gelden voor het doen van een belofte: als je je daaraan houdt, is de belofte gelukt en in moreel opzicht in orde. Maar de regels zeggen ons niet wat een belofte *is*. Op basis van wat we zagen in dit hoofdstuk, kunnen we het volgende zeggen:

> Als een uitspraak U, gedaan door persoon X en gericht aan persoon Y, een belofte is, dan geldt dat:
> 1. Y de inhoud van U tot zich heeft kunnen nemen en dus kent;
> 2. X, door U uit te spreken, de verplichting op zich neemt om de inhoud van U te verwerkelijken;
> 3. hetgeen door X wordt beloofd, iets is wat Y wenst of begeert;
> 4. X schuldig staat tegenover Y wanneer X de inhoud van U niet verwerkelijkt.

Tot nu toe heb ik het vooral gehad over de vraag aan welke regels we ons moeten houden, willen we een adequate belofte doen. Maar hoe doen we nu in concreto beloften? Heel eenvoudig, namelijk door simpelweg tegen iemand te zeggen of te schrijven: 'Ik beloof je dat ik dit of dat zal doen.' Het enige dat nodig is om een belofte te doen, is zeggen (of schrijven): 'Ik beloof...', want door dit te zeggen, beloof je. Beloven is daarmee een taalhandeling van een zeer bijzondere soort. Het is wat de briljante Britse filosoof J.L. Austin een performatieve taalhandeling noemde.[51]

Een taalhandeling is een handeling die je verricht door het gebruiken van taal. Door taal te gebruiken, kunnen we heel veel verschillende dingen doen. We kunnen mensen *informeren* (bijvoorbeeld over het feit dat de Dr. Kuyperstraat in Den Haag vroeger de Kanaalstraat heette), *troosten* (zoals

51 Austin (1970b).

Constantijn Huygens deed in zijn gedicht 'Oogentroost' voor Lucretia van Trello, die blind was geworden aan een oog), een *vraag stellen* (in een discussie na afloop van een lezing), *oproepen* om in actie te komen (zoals Multatuli koning Willem III in de *Max Havelaar* opriep om de uitbuiting van de Javaan tegen te gaan), *oppeppen* (door te roepen: 'Kom op, je kunt het!') en nog veel meer. *Beloven* is ook een taalhandeling. Want door taal te gebruiken, dat wil zeggen: door woorden uit te spreken of op te schrijven, kunnen we anderen iets beloven, en beloven is een handeling, een taalhandeling.

Maar beloven is een taalhandeling van een zeer bijzondere soort – het is, zoals ik al zei, een performatieve taalhandeling. Wat Austin daarmee bedoelde, kunnen we het gemakkelijkst op het spoor komen door de volgende uitspraken te bezien:

- Ik beloof je dat ik kom.
- Ik feliciteer je met deze glanzende prestatie.
- We geven haar de naam Marritta Catharina.
- Ik prijs de voorzitter om dit vernuftige compromisvoorstel.

Wat deze uitspraken met elkaar gemeen hebben, is, abstract gezegd, dit: door ze uit te spreken, doe je wat je uitspreekt. Concreet: door te *zeggen* 'Ik beloof je dat ik kom', beloof ik dat ik kom. Door te *zeggen* 'Ik feliciteer je met deze glanzende prestatie', feliciteer ik je. Door te *zeggen* 'We geven haar de naam Marritta Catharina', geven we haar die naam. Door te *zeggen* 'Ik prijs de voorzitter om dit voorstel', prijs ik de voorzitter.

Dit klinkt onopmerkelijk, maar dat is het niet. Immers, door te *zeggen* 'Ik fiets', fiets je niet. Door te *zeggen* 'Ik lees de krant', lees je de krant niet. Door te *zeggen* 'Ik ga naar Assen', ben je niet naar Assen aan het gaan. Door te *zeggen* 'Ik troost je', troost je iemand niet. Maar simpelweg door te *zeggen* 'Ik beloof je dat ik kom', beloof je te komen. Een performatieve taalhandeling is, kort gezegd, een handeling die je verricht simpelweg door het woord dat die handeling aanduidt, te gebruiken in een grammaticaal correcte zin. Beloven is een taalhandeling die je simpelweg verricht door het woord *beloven* te gebruiken in een grammaticaal correcte zin (bijvoorbeeld 'Ik beloof je dat ik kom').

Het is natuurlijk ook heel goed mogelijk om iets te beloven zonder het woord *beloven* of *belofte* te gebruiken. In een specifieke context kan ik zeggen: 'Je kunt op me rekenen, zaterdag kom ik je helpen.' In die context is het duidelijk dat ik je iets beloofd heb, ook al heb ik het woord *beloven* of *belofte* niet gebruikt.

Ik ben er in mijn voorbeelden steeds van uitgegaan dat beloften altijd aan *anderen* gedaan worden. Dit roept de vraag op of we ook iets aan *onszelf* kunnen beloven. Om een aantal redenen meen ik dat dat niet kan. Beloven is een sociale handeling, het vergt taal en communicatie en maakt dat ik schuldig sta tegenover een ander wanneer ik een belofte die ik aan hem of haar heb gedaan, niet nakom. Deze kenmerken maken dat ik niets aan mezelf kan beloven. Wat men soms *jezelf iets beloven* noemt, is volgens mij in feite hetzelfde als *jezelf iets voornemen*. Wanneer ik me iets voorneem, is dat geen sociale handeling, want het vereist geen taal of communicatie. En wanneer ik mijn voornemen niet ten uitvoer breng, sta ik bij niemand in het krijt, ook niet bij mezelf. Het lijkt me zelfs dat we niet schuldig tegenover onszelf *kunnen* staan. We kunnen spijt hebben van wat we hebben gedaan, we kunnen berouw hebben, maar schuldig staan tegenover onszelf? Nee.

Dit laatste is echter een onbelangrijk punt vergeleken bij wat de hoofdzaak is van dit hoofdstuk. De hoofdzaak is dat wanneer wij elkaar dingen beloven conform de regels die ik heb beschreven, wij elkaar toekomstige zekerheden geven. En daarmee geven we elkaar een groot geschenk.

Gebeurt het nu vaak dat wij elkaar beloften doen? Tot nu toe heb ik hoofdzakelijk gesproken over beloften in de direct persoonlijke sfeer. Mijn voorbeelden waren voornamelijk geformuleerd in de eerste persoon enkelvoud ('Ik beloof je dat...'). Maar beloften komen ook voor buiten de direct persoonlijke sfeer. Ze kennen een enorme diversiteit aan verschijningsvormen. En je komt ze overal tegen. Althans, dat zal ik aannemelijk proberen te maken in het volgende hoofdstuk.

Voor het gemak heb ik de regels die ik in dit hoofdstuk heb besproken, op een rij gezet in appendix B. Appendix C geeft een overzicht van wat essentieel is voor het doen van een belofte, zoals ik in het volgende hoofdstuk betoog.

HOOFDSTUK 4

Beloften: verschijningsvormen

In het vorige hoofdstuk heb ik het oog op slechts één gestalte van een belofte laten rusten, namelijk een belofte in de direct persoonlijke sfeer, waarin een ik-persoon aan iemand anders iets belooft door te zeggen: 'Ik beloof je dat...' In deze verschijningsvorm toont zich de kern van wat beloven is op pregnante wijze. Essentieel voor het doen van beloften zijn de vier belofte-elementen (of beloftevoorwaarden) die ik in het vorige hoofdstuk beschreef:

1. Datgene wat beloofd wordt, is gecommuniceerd aan en overgekomen bij degene aan wie de belofte wordt gedaan.
2. Door een belofte te doen, verwerft degene die de belofte doet, de verplichting om haar te vervullen.
3. Dat wat wordt beloofd, wordt gewenst of begeerd door degene aan wie de belofte wordt gedaan.
4. Bij niet-nakoming van een belofte staat degene die de belofte deed, schuldig tegenover degene aan wie de belofte werd gedaan.

Deze elementen komen we ook tegen in beloften die een andere gedaante hebben. Want net als bloemen, liefde en gitaren, kennen beloften een rijkdom aan verschijningsvormen. Het doel van dit hoofdstuk is om dit aannemelijk te maken.

Om eenvoudig te beginnen: elke afspraak die we met vrienden maken om naar een concert of uit eten te gaan, elke afspraak om bij elkaar langs te komen, is feitelijk een belofte. Ten opzichte van de beloften die ik in het vorige hoofdstuk ten tonele voerde, doet zich hier iets nieuws voor. De belofte dat ik jou kom helpen, is een *eenzijdige* belofte: ik beloof iets aan jou, maar jij niet iets aan mij. Een afspraak echter is een *wederzijdse* belofte. Het is de belofte van mij aan mijn vrienden dat ik naar het concert of het restaurant ga, en de belofte van mijn vrienden aan mij dat zij dat ook zullen doen. Een afspraak om bij vrienden op bezoek te gaan is eveneens een wederzijdse belofte: ik beloof dat ik zal komen, en zij beloven dat ze thuis zijn om me te ontvangen. De vier elementen van een belofte zijn aanwezig: het is wederzijds bekend wat de afspraak is; de afspraak genereert een verplichting (om op een bepaald moment ergens te zijn); de afspraak is gewenst; en wanneer een van ons niet komt opdagen, staat diegene schuldig tegenover de ander. Wanneer we met vrienden afspreken, gebruiken we doorgaans het woord *belofte* of *beloven* niet. Maar dat neemt niet weg dat zo'n afspraak een belofte is. Alle zeven belofteregels die ik in het vorige hoofdstuk formuleerde, gelden voor afspraken met vrienden. Met dergelijke wederzijdse beloften maken vrienden hun gedrag voor elkaar voorspelbaar – en daarmee geven ze elkaar toekomstige zekerheid.

Daarnaast is ook een afspraak bij de tandarts, de kapper of de belastingadviseur een wederzijdse belofte, en wel een ietwat complexe wederzijdse belofte. Laten we het voorbeeld van een tandartsafspraak nader bekijken. Een element ervan is de wederzijdse belofte om daar en dan op een bepaalde plaats (de tandartspraktijk) aanwezig te zijn. Een ander element is dat de tandarts aan jou belooft je gebit te controleren en indien nodig herstelwerkzaamheden te verrichten, en dat jij aan de tandarts belooft na afloop de rekening te zullen voldoen. Zulke afspraken zijn daarmee formeler dan de afspraken met vrienden die we vanuit de volheid van ons hart maken; het zijn functionele afspraken waarin tegen betaling een dienst wordt verricht. De financiële kant neemt echter niet weg dat deze afspraken de gestalte van een belofte hebben. De vier elementen van een belofte zijn aanwezig. Ga maar na:

1. Het is jou bekend wat de tandarts belooft (er dan en daar te zijn en je gebit na te zien), en het is de tandarts bekend wat jij belooft (er dan en daar te zijn en na behandeling de rekening te voldoen).
2. Door de afspraak te maken heb jij de plicht verworven naar de tandarts toe te gaan, en de tandarts heeft de plicht verworven om in de praktijk te zijn op het afgesproken moment en jou te behandelen.
3. De gemaakte afspraak is door jullie allebei gewenst.
4. Als de tandarts niet op de afgesproken tijd op de afgesproken plaats is, of als de tandarts er wel is maar je niet behandelt, dan staat hij/zij schuldig tegenover jou. En wanneer jij niet op komt dagen, of wanneer jij je wel hebt laten behandelen maar de rekening niet voldoet, dan sta jij schuldig tegenover de tandarts.

Een snelle blik op de zeven belofteregels laat ons zien dat deze regels hier eveneens gelden. Zulke afspraken zijn dus beloften. En het punt is: door afspraken te maken met de tandarts, maken we ons gedrag voorspelbaar voor de tandarts en maakt de tandarts zijn/haar gedrag voorspelbaar voor ons. Daarmee bieden deze afspraken een misschien nederige, maar niettemin reële, toekomstige zekerheid.

De twee tot nu besproken gestaltes van beloften geven aanleiding tot een opmerking over de notie van schuld. Het niet nakomen van een belofte genereert schuld. In de sfeer van vrienden is die schuld meestal van niet-financiële aard – ze is een (lichte) morele schuld. Ook het niet komen opdagen bij een afspraak met de kapper genereert een schuld, normaliter een niet-financiële. Maar als de kapper zijn/haar dienst heeft verricht en je betaalt niet, dan heb je een financiële schuld bij de kapper, en door de rekening niet te voldoen, verwerf je ook nog eens een morele schuld.

Een derde gestalte van beloften zijn lidmaatschappen, of, zoals ik zal zeggen: lidmaatschappen zijn belichamingen van beloften. Het simpele feit dat je je benoeming in de feestcommissie van je studentenvereniging hebt aanvaard, belichaamt een belofte van jouw kant. Met de aanvaarding van je benoeming beloof je feitelijk dat je je zult inzetten voor de taakuitvoering van de commissie. Dat wil zeggen: je belooft onder meer om aan de beraadslagingen van de commissie deel te nemen, om taken die voortvloeien uit die beraadslagingen, op je te nemen en uit te voeren en in het algemeen om er zorg voor te dragen dat er feesten worden georganiseerd die passen bij de aard van de vereniging. De vier elementen van een belofte zijn aanwezig. (1) Met de aanvaarding van je benoeming is het bij de leden van de vereniging bekend wat je gaat doen (wat de inhoud van je belofte is). (2) Door de benoeming te aanvaarden heb je de verplichting op je genomen om feesten voor de vereniging te organiseren. (3) De te organiseren feesten zijn door jou en de vereniging gewenst. (4) Wanneer je je plicht verzaakt (wanneer je niet meewerkt in de commissie, niet naar de vergaderingen komt, of wel komt maar nooit een taak op je neemt, of wel een taak op je neemt maar die niet uitvoert), dan sta je schuldig tegenover de vereniging; door deze dingen te doen (of juist niet te doen) breek je feitelijk een belofte. Natuurlijk: je kunt ziek worden, er kan een agendaconflict zijn, er kan een calamiteit optreden waardoor je niet op een vergadering kunt verschijnen of je taak niet kunt uitvoeren, enzovoorts. In zulke gevallen meld je je af, onder opgaaf van redenen – daarmee geef je een signaal af dat je je belofte kent en serieus neemt.

Dit voorbeeld toont iets wat we nog niet eerder zagen. Wanneer ik jou beloof het boek van Piet Emmer over het Nederlandse slavernijverleden mee te zullen nemen, dan beloof ik iets concreets en specifieks. Op het moment dat ik jou de belofte doe, weet ik al wat ik in concreto moet doen om de verplichting die mijn belofte heeft gegenereerd, na te komen: ik moet dat boek van Piet Emmer meenemen. Maar wanneer jij het lidmaatschap van de feestcommissie aanvaardt, doe je daarmee een belofte die veel minder concreet en specifiek is. Op het moment van aanvaarding heb je nog maar weinig concrete ideeën over wat je moet doen om te voldoen aan de verplichtingen die door je aanvaarding van het lidmaatschap, dus door het doen van een belofte, zijn gegenereerd. Je belofte is een *container*, maar je weet vooraf niet precies wat er allemaal in die container zit. Je weet bijvoorbeeld niet hoeveel vergaderingen er zullen worden belegd, of welke taken jou zullen toevallen. En voor alles wat er in die container zal blijken te zitten, hoef je niet steeds weer afzonderlijke beloften te verwoorden. Dat alles ligt besloten in de moederbelofte die het aanvaarden van het lidmaatschap is. En het cruciale punt is dat ook hier geldt dat jouw aanvaarding van het lidmaatschap jouw gedrag tot op zekere hoogte voorspelbaar maakt voor anderen, en het geeft hen de toekomstige zekerheid dat er feesten zullen komen. Vanzelfsprekend gaat het hier weer om zekerheden van de derde klasse.

Het feit dat commissies en verenigingen reglementen hebben waarin taakstellingen en procedures zijn vastgelegd, verhindert niet dat het lidmaatschap een belofte belichaamt. De reglementen duiden en begrenzen de verantwoordelijkheden, taken en activiteiten van de commissie of vereniging. Aanvaarding van lidmaatschap is de belofte dat je deze kaders zult respecteren. Dat betekent ook dat de verplichtingen die gegenereerd zijn door lidmaatschapsaanvaarding, ingeperkt zijn. Jouw lidmaatschap van de feestcommissie kan nooit de verplichting genereren om de woning van de voorzitter te schilderen, of om de voorzitter van gepaste kleding te voorzien. De schuld ten gevolge van niet-nakoming van een belofte in dit verband is een morele schuld die doorgaans geen juridische of economische consequenties heeft. Ik zeg 'doorgaans', omdat men naar de rechter kan stappen wanneer er sprake is van bijvoorbeeld malversatie (wat ook een verbreking van een belofte is).

Verder kunnen beloften ook de gestalte aannemen van *geloften*. Een gelofte is 'een weloverwogen en vrijwillige belofte aan God gedaan met betrekking tot een mogelijk en beter goed'.[52] De rooms-katholieke, anglicaanse en oosters-orthodoxe kerken kennen de geloften van armoede, zuiverheid en gehoorzaamheid, ook wel kloostergeloften genoemd. Geloften hebben de vier elementen van een belofte. Het is

52 Aldus de *Katechismus van de Katholieke Kerk* (1997, 448).

bij degene aan wie de belofte gedaan wordt, bekend wat er is beloofd. Het doen van de geloften genereert bij degene die de geloften aflegt, de verplichting om ze na te komen. De inhoud van de kloostergeloften is een goed dat gewenst wordt door degene aan wie de belofte gedaan wordt (God). En breekt men de afgelegde geloften, dan staat men daarmee schuldig tegenover de kerk en tegenover God zelf. Wie deze geloften aflegt, maakt daarmee zijn/haar gedrag voorspelbaar – niet alleen voor de kerkelijke beambten, maar in principe voor iedereen, want geloften worden publiekelijk afgelegd. Van rooms-katholieken die de kloostergeloften hebben afgelegd, verwachten we dat ze geen privébezittingen zullen hebben of nastreven, celibatair zullen leven en een leven zullen leiden in gehoorzaamheid aan de kerk. Zo creëren zij dus voor anderen toekomstige zekerheid.

Nog weer een andere gedaante van een belofte zijn eden en gedragscodes. Ik geef van beide een enkel voorbeeld, maar er zouden er veel meer te geven zijn. De Nederlandse artseneed uit 2003 luidt:

> Ik zweer/beloof dat ik de geneeskunst zo goed als ik kan zal uitoefenen ten dienste van mijn medemens. Ik zal zorgen voor zieken, gezondheid bevorderen en lijden verlichten.
> Ik stel het belang van de patiënt voorop en eerbiedig zijn opvattingen. Ik zal aan de patiënt geen schade doen. Ik luister en zal hem goed inlichten. Ik zal geheim houden wat mij is toevertrouwd.
> Ik zal de geneeskundige kennis van mijzelf en anderen bevorderen. Ik erken de grenzen van mijn mogelijkheden. Ik zal mij open en toetsbaar opstellen, en ik ken

mijn verantwoordelijkheid voor de samenleving. Ik zal de beschikbaarheid en toegankelijkheid van de gezondheidszorg bevorderen. Ik maak geen misbruik van mijn medische kennis, ook niet onder druk.
Ik zal zo het beroep van arts in ere houden.
Dat beloof ik.
of
Zo waarlijk helpe mij God almachtig.[53]

De artseneed is een belofte die direct gericht is aan de Koninklijke Nederlandsche Maatschappij tot bevordering der Geneeskunst en indirect aan de Nederlandse bevolking, of misschien beter: aan iedereen die in de toekomst een arts consulteert. Ook hier zien we de vier belofte-elementen terug. Het is bekend wat er wordt beloofd, ook al heeft de belofte een containerkarakter en is het een inspanningsbelofte, geen resultaatsbelofte. De belofte genereert expliciete verplichtingen bij de arts. De arts wenst de dingen die hij/zij belooft. En de arts die deze belofte niet nakomt, staat schuldig. Wanneer een arts de genoemde belofte breekt, kan dat aanhangig gemaakt worden bij het medisch tuchtcollege. Dat het breken van een belofte een juridische procedure in gang kan zetten, betekent niet (zoals we ook al eerder zagen) dat er van een belofte dus geen sprake was. Het waardevolle van de artseneed is dat hij het gedrag van artsen voorspelbaar maakt (mits de artsen bij het afleggen van de eed de belofteregels in acht namen). Dit geeft ons een toekomstige zekerheid.

Het afleggen van een eed beperkt zich niet tot de medische sfeer. Willem-Alexander zwoer een eed bij zijn introni-

53 Zie https://www.knmg.nl/advies-richtlijnen/knmg-publicaties/artseneed.htm.

satie, parlementsleden leggen bij hun installatie een eed of belofte af, en sinds de bancaire crisis wordt er een discussie gevoerd over of bankiers niet ook een eed zouden moeten afleggen.

Wat betreft gedragscodes: aan de Universiteit Utrecht wordt sinds een jaar of tien door de promotor tijdens de promotieplechtigheid aan de promovendus de vraag gesteld: 'Belooft u dat u altijd volgens de beginselen van wetenschappelijke integriteit te werk zult gaan: eerlijk en zorgvuldig, kritisch en transparant, onafhankelijk en onpartijdig?' Waarop de promovendus wordt geacht te antwoorden: 'Dat beloof ik.' De tekst van de belofte is gebaseerd op de, door de Vereniging van Universiteiten vastgestelde, Nederlandse Gedragscode Wetenschapsbeoefening, waarin principes van goed wetenschappelijk onderwijs en onderzoek zijn geformuleerd. Aan de Vrije Universiteit Amsterdam, waar ik zelf werk, gebeurt iets dergelijks tijdens de promotieplechtigheid. We hoeven de vier belofte-elementen niet weer allemaal langs te lopen; het is duidelijk dat ze ook in deze belofte aanwezig zijn. Wel merk ik op dat hier niet gespecificeerd is aan wie de belofte is gericht – maar het ligt voor de hand dat dit de wetenschappelijke wereld in het algemeen en/of de Nederlandse samenleving moet zijn. Schending van de wetenschappelijke gedragscode kan aanhangig gemaakt worden bij een speciaal daarvoor in het leven geroepen orgaan dat is ondergebracht bij de Koninklijke Nederlandse Akademie van Wetenschappen. Indien wetenschappers deze belofte doen en zich daarbij laten leiden door de belofteregels, dan maakt dat hun gedrag in een uitermate belangrijk opzicht voorspelbaar, waardoor zij aan anderen een toekomstige zekerheid bieden.

Het aantal gedragscodes groeit explosief. Naast de gedragscode voor wetenschappers zijn er nu gedragscodes voor defensiemedewerkers, voor politieagenten en voor overheidspersoneel in het algemeen. Veel beroepsgroepen hebben gedragscodes opgesteld, en het beoogde doel is steeds: het gedrag van beroepsuitoefenaars voorspelbaar maken, bij het publiek verwachtingen wekken – en daarmee toekomstige zekerheden creëren.

Een heel andere gestalte van een belofte treffen we aan in de figuur van een garantie die verstrekt wordt bij de aankoop van bijvoorbeeld levensmiddelen of een piano, of bij de aflevering van schilder- en stucwerk. De op levensmiddelen aangegeven uiterste houdbaarheidsdatum is de belofte dat voor die datum het product vers en eetbaar zal zijn. Sommige pianoverkopers geven een garantie van tien jaar op het frame en op het stemblok. Zo'n garantie is een belofte van een soort die we nog niet eerder zijn tegengekomen – het is een *voorwaardelijke* belofte, of beter gezegd: wat beloofd wordt, heeft een voorwaardelijke structuur. De leverancier belooft dat *als* de vermelde datum nog niet is aangebroken, het product vers zal zijn. De verkoper belooft dat *als* het frame of het stemblok van het bij hem aangeschafte instrument binnen tien jaar na aankoop een mankement gaat vertonen, dat op kosten van de zaak zal worden gerepareerd. Iets soortgelijks is er aan de hand met garanties op schilder- en stucwerk: *als* binnen een afgesproken termijn de verf afbladdert of het stucwerk scheurtjes gaat vertonen, zal dat op kosten van het bedrijf worden hersteld. Garanties zijn beloften; de vier wezenlijke elementen zijn aanwezig. In de gegeven voorbeelden zijn er ook instanties waartoe men zich kan wenden wanneer de garantiegever zijn garantiebelofte niet houdt.

Dergelijke garanties geven toekomstige zekerheid. Zo werkt dat ook feitelijk. De belofte die belichaamd is in een aangegeven houdbaarheidsdatum bijvoorbeeld, aanvaarden we meestal zonder met onze ogen te knipperen.

Wie een lot in een loterij koopt, koopt een belichaamde belofte die eveneens een voorwaardelijke structuur heeft. De belofte is dat als het lot dat je gekocht hebt, een winnend lot zal blijken te zijn, de betreffende prijs aan jou zal worden toegekend. Aan de vier beloftevoorwaarden is voldaan en een toekomstige zekerheid is gegenereerd.

Hier is nog een voorbeeld. In 1580 werd prins Willem van Oranje vogelvrij verklaard. In het banedict waarin koning Filips II dat deed, loofde hij maar liefst 25.000 gouden kronen uit voor ieder die Oranje dood of levend aan hem kon uitleveren. Hij beschuldigde Oranje onder meer van huichelarij, bigamie en hoogverraad. Het banedict is een belofte van Filips aan in principe al zijn tijdgenoten, namelijk de belofte dat degene die Oranje dood of levend aan hem uitlevert, een klein fortuin zal ontvangen. Aan de vier beloftevoorwaarden is voldaan en daarmee is een toekomstige zekerheid gecreëerd. Het is uiteraard wel de vraag of deze belofte voldoet aan de zesde belofteregel, die stelt dat je niet iets moet beloven wat immoreel is. Het is duidelijk dat koning Filips II daar heel anders over dacht dan de watergeuzen. Filips zou overigens pas na veel getouwtrek zijn belofte nakomen en het kleine fortuin uitkeren aan de nabestaanden van Oranjes moordenaar, Balthasar Gerards.[54]

Een verzekering, bijvoorbeeld een brand- of reisverzekering, belichaamt eveneens een belofte – een ietwat complexe belofte. Bij het afsluiten van een verzekering be-

54 Zie voor deze geschiedenis De Baar, Kloek & Van der Meer (1984).

looft de verzekeringsnemer op gezette tijden een premie te betalen, terwijl de verzekeringsmaatschappij belooft om in geval van brand en ongeval (voorzien van verdere kwalificaties) bepaalde vergoedingen uit te keren. De belofte die een verzekering belichaamt, heeft een aantal bijzondere kenmerken. De belofte is ten eerste *formeel*, dat wil zeggen: er is een ondertekend verzekeringscontract – zonder zo'n contract is er geen verzekering. De belofte is ten tweede *maximaal expliciet*. Ze is het ene uiterste op een glijdende schaal waarvan het andere uiterste de containerbelofte is die zo kenmerkend is voor het lidmaatschap van commissies en verenigingen en waar de door het lidmaatschap gegenereerde verplichtingen grotendeels oningevuld blijven. Een brandverzekering bijvoorbeeld zegt expliciet waartegen je bent verzekerd, en onder welke condities. Als je een rieten dak op je huis hebt, keert de verzekeraar bij brand niets uit, tenzij je een vonkenvanger hebt laten installeren in je schoorsteen. Ten derde is een verzekering een *wederzijdse* belofte: in het contract beloof ik een premie te betalen en belooft de verzekeringsmaatschappij mijn eventuele brandschade te vergoeden. Ten vierde zijn de beloften die zijn belichaamd in een verzekering, net als de garanties die ik zo-even noemde, *voorwaardelijke* beloften. Hun inhoud is: *als* dit of dat gebeurt, *dan* keert de verzekeringsmaatschappij een bepaald bedrag uit. Deze belofte is *asymmetrisch*: als de verzekeringsnemer de premie betaalt, dan gaat de verzekeringsmaatschappij over tot de in de polis vastgelegde vergoedingen. Er is niet *ook* nog een conditie in de andere richting (als de verzekeringsmaatschappij overgaat tot uitkering, dan betaalt een door brand of ziekte gedupeerde persoon een premie).

Verzekeringen hebben de vier beloftekenmerken. Het is wederzijds bekend wat er is beloofd. Door de belofte worden verplichtingen gegenereerd. De verzekering is door de verzekeringsnemer en de verzekeringsmaatschappij gewenst. En niet-nakoming van de belofte doet de ene partij schuldig staan tegenover de ander: als ik mijn premie niet betaal, dan sta ik schuldig tegenover de verzekeraar; de verzekeraar staat schuldig tegenover mij wanneer ik mijn premie heb betaald, mijn huis brandschade heeft, maar de verzekeraar niet wil uitkeren.

Verzekeringen geven mensen een toekomstige zekerheid in een overigens onzekere wereld; *zeker* is niet voor niets het basismorfeem in het woord *verzekering*. Een brandverzekering geeft je natuurlijk niet de zekerheid dat je huis nooit in vlammen zal opgaan, maar alleen de voorwaardelijke zekerheid dat *als* er in je huis brand uitbreekt, er financiële middelen zullen worden uitgekeerd die je in staat stellen de schade te repareren.

Weer een andere belichaming van een belofte is een contract of overeenkomst. Er zijn arbeids-, huur-, koop- en hypotheekcontracten. Contracten zijn er in allerlei soorten en maten. Maar hun algemene kenmerk is dat twee partijen daarin beloften vastleggen en aangeven wat de consequenties zijn van eenzijdige niet-nakoming van die beloften. Door een arbeidscontract te ondertekenen, belooft een werknemer (ruwweg) bepaalde taken uit te zullen voeren en belooft de werkgever maandelijks een bepaald salaris uit te keren. Een arbeidscontract is een formele, tweezijdig conditionele (dus symmetrische) belofte. Ze is formeel, omdat de afspraken zijn vastgelegd en de consequenties van niet-naleving expliciet zijn gemaakt. Ze is, anders dan een brandverzekering, een *tweezijdig* conditionele belofte: de werknemer belooft bepaalde taken uit te voeren als hij/zij er een salaris voor krijgt, en de werkgever belooft het salaris uit te keren als de taken op deugdelijke wijze verricht worden. Het behoeft geen betoog dat arbeidscontracten aan de vier beloftevoorwaarden voldoen en daarmee toekomstige zekerheden bieden. Dit geldt, mutatis mutandis, voor contracten in het algemeen.[55]

Ook wetten zoals vastgelegd in de Nederlandse wetboeken belichamen veelal beloften. Artikel 41 van het Wetboek van Strafrecht luidt: 'Niet strafbaar is hij die een feit begaat, geboden door de noodzakelijke verdediging van eigen of eens anders lijf, eerbaarheid of goed tegen ogenblikkelijke, wederrechtelijke aanranding.' Dus stel: ik loop op straat en zonder dat ik daartoe aanleiding geef, word ik aangevallen door iemand. Stel ook dat ik me verdedig met een elleboogstoot, die een scheur in de maag van mijn belager veroorzaakt. Dan is de belofte die in artikel 41 ligt besloten, dat de staat (de officier van justitie) mij niet zal straffen. De belofte wordt door de staat gedaan aan alle ingezetenen. Het is een eenzijdige en formele belofte.

De belofte die ligt besloten in artikel 8 van de Wegenverkeerswet, werkt enigszins anders. Dat artikel luidt: 'Het is een ieder verboden een voertuig te besturen (...) terwijl hij verkeert onder zodanige invloed van een stof, waarvan hij weet of redelijkerwijs moet weten, dat het gebruik daarvan (...) de rijvaardigheid kan verminderen, dat hij niet tot behoorlijk besturen in staat moet worden geacht.' Wie onder invloed van alcohol of drugs een auto bestuurt, overtreedt

55 Dit is op krachtige wijze verwoord door Fried (1981). Contractuele verplichtingen zijn, of zijn gebaseerd op, verplichtingen die gegenereerd zijn door een belofte, zo betoogt Fried.

dit artikel en is strafbaar. De belofte die dit artikel belichaamt, is dat wie onder invloed een auto bestuurt, gestraft zal worden. Gelet op de tweede belofteregel is dit geen belofte aan benevelde bestuurders – ervan uitgaande dat zij een straf niet wensen of begeren. Voor zulke bestuurders is artikel 8 een dreigement. Maar het is een belofte voor de overige weggebruikers: aan hen wordt beloofd dat een benevelde automobilist, wanneer die eenmaal als zodanig is geïdentificeerd, van de weg zal worden gehaald en bestraft. Artikel 8 is dus de belofte dat wordt toegezien op de veiligheid op de openbare wegen, wat over het algemeen als een groot goed wordt gezien. Dit artikel biedt daarmee aan weggebruikers zoveel toekomstige zekerheid als een belofte kan bieden.

Ik zei al dat wetten 'veelal' beloften belichamen. De kwalificatie is nodig, omdat er ook wetten zijn die het beloftekarakter niet hebben, of niet lijken te hebben. Een voorbeeld is artikel 19b uit het Burgerlijk Wetboek Boek 1: 'Indien de plaats of de dag van de geboorte van het kind niet bekend is dan wel indien de naam (...) van de moeder uit wie het kind is geboren niet bekend is, wordt de geboorteakte ten aanzien van deze punten opgemaakt krachtens een bevel en overeenkomstig de aanwijzingen van het openbaar ministerie.' Dit is een zuiver administratieve regelgeving. Toch kan men zelfs hier een belofte in zien, namelijk de belofte dat geen kind in Nederland zonder officiële naam zal zijn – en omdat het hebben van een officiële naam een goed is, kan hier een belofte in worden gezien van de staat aan toekomstige generaties. Aan de beloftevoorwaarden is voldaan en een toekomstige zekerheid is gegenereerd.[56]

---

56 De relatie tussen belofte en juridische wetten staat centraal in Ibbetson (1999).

Gestalten van beloften zijn ook te vinden in de pacten, verdragen en verbonden die naties met elkaar sluiten. Dertig Europese staten zijn momenteel verenigd in de NAVO. De kern van het Noord-Atlantisch Verdrag is vermeld in artikel 5, dat stelt dat als er een aanval op een van de staten in Europa of Noord-Amerika plaatsvindt, deze aanval door de andere staten zal worden opgevat als een aanval tegen hen allemaal en dat alle landen zullen samenwerken om de aanvaller af te weren. Aan de beloftevoorwaarden is voldaan. Voor elk land is dit verdrag een toekomstige zekerheid.

De beëindiging van een oorlog kan tot stand komen door een 'vrede' (een vredesverdrag), zoals de Vrede van Münster in 1648, die een einde maakte aan de Tachtigjarige Oorlog. In deze vrede werd door Spanje onder meer beloofd dat het de Republiek formeel zou erkennen als soevereine staat (en niet meer zou beschouwen als een verzameling opstandige Spaanse provincies, zoals het honderd jaar had gedaan).[57] Deze belofte gaf de Republiek internationaal de toekomstige zekerheid dat zij van de Spaanse overheid geen invallen meer had te verwachten, laat staan nieuwe belastingheffingen.

Een laatste, uitermate belangrijke belichaming van beloften waarop ik wil wijzen, zijn instituties. Bij instituties denk ik aan organisaties met een bepaalde taakstelling, zoals scholen en universiteiten, kranten en de journalistiek in het algemeen, kerken en sportverenigingen. Scholen hebben het verzorgen van onderwijs als taakstelling. Daarmee is gegeven dat aan leerlingen en ouders de belofte wordt gedaan dat leerlingen op die school goed onderwijs ontvangen – en als het een antroposofische of openbare school is,

57 Zie Van Deursen (1993, 149–150).

is de belofte dat het goed *antroposofisch* of goed *openbaar* onderwijs is dat op die school wordt gegeven. De school is daarop aanspreekbaar en staat schuldig als ze niet doet wat ze belooft aan ouders. Kranten hebben nieuwsgaring als taakstelling, en de impliciete belofte van dit instituut is dat wat wordt afgedrukt in de krant, feitelijk correct is, dat er geen tendentieuze verhalen in staan, dat wat gepubliceerd is, op deugdelijke bronnen is gebaseerd, dat er geen ongegronde verdachtmakingen in staan, enzovoorts. Wanneer een krant deze belofte niet nakomt, zegt de redelijke lezer het abonnement op. Kranten die zich aan hun institutioneel meegegeven beloften houden, bieden informatiezekerheid. Bij zulke kranten kan men erop vertrouwen dat hun kolommen geen nepnieuws of ongegronde samenzweringstheorieën verspreiden. Kranten die zich niet aan hun belofte houden, zijn een ramp voor de samenleving en zorgen voor veel onzekerheid.

Wie het bovenstaande heeft gevolgd, kan misschien het gevoel krijgen dat ik te enthousiast bezig ben geweest met het begrip *belofte*. Lijdt mijn betoog niet aan hetzelfde euvel als waaraan iemand lijdt die net een ransuil heeft leren onderscheiden van een kerkuil en dan vervolgens overal ransuilen ziet vliegen? Ben ik niet te vergelijken met de man met een hamer, voor wie alles op een spijker lijkt? Is wat ik beweerd heb, geen schoolvoorbeeld van begripsinflatie? Ik meen van niet. Ten eerste niet, omdat ik van meet af aan heb erkend dat er toekomstige zekerheden zijn in andere klassen dan die van beloften, namelijk de logisch-metafysische en de fysische. Ten tweede niet, omdat (puur fenomenologisch gesproken) de verschijningsvormen van beloften waarover dit hoofdstuk ging, voldoen aan de vier beloftevoorwaarden. Ik heb deze vier, om vermoeiende herhalingen te voorkomen, niet steeds genoemd, maar ze zijn bij elk van de beloftegestalten aanwezig.

Bij wijze van samenvatting: door beloften te doen, creëren we voor elkaar zekerheid. Voor het maken van beloften gelden bepaalde regels, die we goed in het oog krijgen door te kijken naar wat er mis is met wat ik gemankeerde beloften noemde in hoofdstuk 3. Beloften kennen voorts een grote diversiteit aan verschijningsvormen: van afspraken tussen vrienden tot afspraken met artsen of bij de kapper; van lidmaatschappen van commissies en verenigingen tot geloften, eden en gedragscodes; van garanties bij aankopen tot verzekeringen; van contracten en overeenkomsten tot wetten en pacten; en dan zijn er nog instituties die belichamingen zijn van beloften, zoals scholen en universiteiten, banken en kerken, kranten en sportverenigingen. Zoveel beloften, zoveel gestalten van beloften.

Nu heb ik in mijn bespreking van de voorbeelden steeds gezegd dat beloften toekomstige zekerheid bieden. Het is echter een ervaringsfeit dat mensen en instituties hun beloften soms niet nakomen. Niet iedere belofte is te vertrouwen, niet iedere belofte is een toekomstige zekerheid. Er zijn loze beloften, lege beloften, gratuite beloften, onmogelijke beloften, bedrieglijke beloften, misleidende beloften – er gaat veel mis. Een collega met wie ik over het grondidee van dit boek sprak, zei (vrij weergegeven):

> Ik ben het niet met je eens dat een belofte zekerheid biedt. Volgens mij is het tegendeel vaak waar. Ik hanteer als motto: *underpromise and overdeliver* en wantrouw daarom alle fraaie beloften ten diepste. In mijn ervaring

is een groot probleem dat veel mensen menen dat als ze iets beloven, de belangrijkste prestatie al is geleverd. De executie van de belofte doet er dan veel minder toe en er is altijd wel een reden te bedenken waarom het helaas niet is gelukt de belofte waar te maken. Het is vaak nog erger: ik heb het regelmatig meegemaakt dat men achteraf min of meer oprecht ervan overtuigd is dat het beloofde gedrag inderdaad is uitgevoerd als daar in werkelijkheid geen enkele sprake van is.

Deze reactie is aan de ene kant nuchter en zakelijk (klopt, beloften worden gebroken), maar aan de andere kant niet nuchter en zakelijk genoeg, omdat ze overgeneraliseert (veel beloften worden *niet* gebroken). Deze reactie roept wel de levensgrote vraag op: wanneer kunnen we een belofte vertrouwen? Wanneer is een belofte een toekomstige zekerheid? Waaraan herkennen we betrouwbare beloften? Daarover gaat het volgende hoofdstuk.

HOOFDSTUK 5

Wanneer is een belofte een toekomstige zekerheid, of: wanneer is een belofte te vertrouwen?

Sommige toekomstige zekerheden hebben de gestalte van beloften, zoals we hebben gezien. Maar de zekerheid die beloften kunnen bieden, zo betoogde ik in hoofdstuk 1, is niet de volkomen zekerheid die kenmerkend is voor de eerste klasse van toekomstige zekerheden, noch de zekerheid die de tweede klasse kenmerkt. Voor zover beloften toekomstige zekerheid kunnen bieden (en het grondidee van dit boek is dat ze dat inderdaad kunnen), gaat het om zekerheid van een mindere graad. Dat komt omdat de kwestie of een belofte wordt nagekomen, of hetgeen beloofd is werkelijkheid zal worden, afhangt van mensen. En mensen zijn geregeld zwak, egoïstisch en vergeetachtig, zijn geneigd om bij tegenwind af te stappen en hebben soms slechts een beperkte blik op wat er werkelijk toe doet. Mede daarom is niet elke belofte te vertrouwen en is niet elke belofte een toekomstige zekerheid. We zullen onderscheid moeten maken. We moeten beloften die te vertrouwen zijn en ons toekomstige zekerheid kunnen geven, leren onderscheiden van loze, lege, bedrieglijke, onmogelijke en andere waardeloze beloften, beloften die, als we ze vertrouwden, ons zouden teleurstellen en beschaamd doen staan, of erger: ons naar een afgrond zouden voeren.

Beloften en vertrouwen hebben met elkaar te maken. Niet – nogmaals – omdat alle beloften te vertrouwen zijn (dat zijn ze niet), maar omdat een belofte een uitnodiging is tot vertrouwen. Zoals de hedendaagse Amerikaanse filosoof T.M. Scanlon suggereerde: 'Ik beloof je dat *p*' is hetzelfde als '*p*, vertrouw me!' Dus zeggen 'Ik beloof je dat ik je zaterdag kom helpen' is hetzelfde als zeggen 'Ik kom je zaterdag helpen, vertrouw me!' Dit roept de vraag op wanneer het gepast (rationeel, gerechtvaardigd, verantwoord) is om deze belofte in vertrouwen te aanvaarden, en wanneer niet. Of we kunnen vragen, uitgaande van de gedachte dat we ons vertrouwen al dan niet 'plaatsen' of 'stellen' in of op iets of iemand:[58] wanneer is het gepast om je vertrouwen te plaatsen in een belofte, en wanneer niet?

Voordat ik hier enkele basisregels zal formuleren, wil ik betogen dat vertrouwen op een belofte weliswaar een waagstuk is, maar geen gok. Het is een waagstuk omdat beloften in principe gebroken kunnen worden; dat ligt in hun aard. Een belofte die principieel niet gebroken kan worden, is geen belofte. Wanneer we ons vertrouwen stellen in een belofte en op degene die de belofte doet, dan weten we dat we teleurgesteld *kunnen* worden. Maar het is geen gok, want het al dan niet vertrouwen op beloften doen we, als het goed

58 O'Neill (2002) merkt terecht op dat een juiste reactie op de veronderstelde crisis van vertrouwen in instituties niet is dat we *meer* moeten vertrouwen, maar dat we met onderscheiding vertrouwen moeten 'plaatsen'.

is, niet zomaar, maar op basis van redenen. Hoe beter de kwaliteit van de redenen om een belofte te vertrouwen is, hoe gepaster en rationeler het is om de belofte te vertrouwen, en hoe meer toekomstige zekerheid ze geeft. Wie niet bereid is enig risico te nemen, wie nooit iets wil wagen, die zal elke belofte naast zich neer moeten leggen. De suggestie in het vorige hoofdstuk was onder meer dat, feitelijk gesproken, iedereen wel bereid is zulke risico's te nemen – zeker als we oog hebben voor de vele verschijningsvormen die beloften aannemen. Maar het nemen van een risico is niet hetzelfde als gokken. Als je een fiche inzet bij een spel roulette in een casino, dan heb je geen enkel idee in welk van de 37 vakjes het balletje zal vallen. Je hebt geen reden om te denken dat het een zwart (en niet een rood) vakje zal zijn, geen reden om te denken dat het een even (en niet een oneven) genummerd vakje zal zijn, geen reden om te denken dat het balletje niet in het nulvakje terecht zal komen. Je plaatsing van je fiche is een volkomen gok. Maar het al dan niet plaatsen van je vertrouwen in een belofte is dat niet.

Vertrouwen op een belofte is iets complex. Het heeft een epistemische, een gevoelsmatige en een handelingsgerichte component. Als ik jouw belofte dat je me komt helpen, vertrouw, dan *geloof* ik dat je me komt helpen (epistemische component), dan heb ik een *gevoel* van vertrouwen, niet van achterdocht (gevoelsmatige component), en dan houd ik in mijn handelwijze (bijvoorbeeld in mijn planning) rekening met jouw komst en hulp (handelingsgerichte component). Wanneer we beloften afwijzen, in twijfel trekken of er onverschillig tegenover staan, dan ontbreekt ten minste een van deze componenten.

In dit hoofdstuk ga ik eerst na wat voor soort redenen

relevant zijn voor het plaatsen van vertrouwen in beloften. De in hoofdstuk 3 genoemde belofteregels bieden hierbij een belangrijke leidraad. Vervolgens bespreek ik een zeer ingrijpende belofte die mensen aan elkaar kunnen doen, namelijk de huwelijksbelofte, en ga ik in op de vraag of deze belofte ooit rationeel kan zijn. Ten slotte bespreek ik voorbeelden van beloften die, als ze ooit echt gedaan zijn, maximale toekomstige zekerheden in de derde klasse zijn.

Wat voor redenen zijn nu relevant wanneer we willen nagaan of een belofte te vertrouwen is? Ik loop de zeven belofteregels langs. De eerste en de tweede regel impliceren dat, als iemand jou iets belooft wat je begeert of goed acht, terwijl je goede reden hebt om te betwijfelen of het in zijn/haar vermogen ligt het beloofde te doen, het ongepast en niet rationeel is om die belofte te vertrouwen. Wanneer jij mij belooft mijn gecrashte computer te repareren, terwijl ik met reden betwijfel of jij dat wel kunt, dan is het voor mij ongepast om jouw belofte te vertrouwen en erop te bouwen. Je belofte is voor mij geen toekomstige zekerheid.

Stel nu dat iemand je iets belooft en dat je *weet* dat het in zijn/haar vermogen ligt deze belofte na te komen. Dan is één reden om de belofte te wantrouwen afwezig. Op zichzelf is dat nog niet voldoende om de belofte daarom te vertrouwen. Immers, hoewel het beloofde in het vermogen ligt van degene die de belofte doet (en hetgeen beloofd wordt iets is dat je wenst of begeert), kun je goede reden hebben om te twijfelen aan de oprechtheid van de belover. Misschien heb je een reden om te denken dat deze niet van plan is de belofte na te komen. Misschien vermoed je een minderwaardig motief: misschien probeert de belover je door deze belofte op een bepaalde manier afhankelijk van hem/haar te maken, of, door deze belofte in te zetten als een instrument, een tegenbelofte die je liever niet doet, af te dwingen bij je. In zulke gevallen is het moreel gepast de belofte af te wijzen, recht in het gezicht van de belover, en aan te geven dat je het beloofde niet wenst, of in ieder geval: niet wenst *van hem/haar*.

De derde en vierde regel impliceren dat, als iemand je iets belooft terwijl je goede reden hebt om te denken dat hetgeen beloofd wordt ofwel al werkelijkheid is, ofwel onafhankelijk van de inspanning van de belover toch wel zal gebeuren, het gepast is de belofte naast je neer te leggen. Aannemende dat de belover zelf ook weet dat de belofte nietszeggend is, is een dergelijke belofte onoprecht en moet ze afgewezen worden. Een belofte afwijzen omdat deze loos is, is moreel gesproken niet iets onbeduidends. Tot nu toe heb ik vooral de nadruk gelegd op het principe 'belofte maakt schuld': beloften genereren een verplichting bij degene die de belofte doet. Maar dit principe staat, zeker wanneer het gaat om direct persoonlijke beloften, in een dubbele-helixrelatie tot een ander principe. Dit is het principe dat, als je iets goeds ondervindt doordat een belover zijn/haar belofte aan jou is nagekomen, jij daarmee een verplichting in de richting van de belover hebt verworven, te weten: de verplichting om gepaste dankbaarheid te tonen, er blijk van te geven dat je de inspanning die de ander zich voor jou heeft getroost, hebt opgemerkt en apprecieert. Het afwijzen van een belofte is hierom moreel gesproken niet iets onbeduidends, want je geeft daarmee aan dat de ander geen dankbaarheid hoeft te verwachten.

De vijfde regel suggereert een andere reden waarom je een belofte soms niet moet aanvaarden. Als iemand jou iets belooft en je weet dat anderen in de directe omgeving van die persoon ernstige nadelen zullen ondervinden van de nakoming van de belofte, dan moet je haar niet willen aanvaarden. Daarnaast moeten goedbedoelende, maar onverstandige belovers soms tegen zichzelf beschermd worden, en wel door hun beloften af te wijzen.

De zesde regel suggereert nog weer een andere reden om een belofte af te wijzen. Als iemand je iets belooft en je weet dat de belover voor de nakoming ervan iets moet doen dat immoreel is of tegen de goede zeden ingaat, dan behoor je een belofte af te wijzen.

Evenmin moet je op een belofte willen bouwen wanneer je goede reden hebt om te denken dat de ander niet van plan is de belofte na te komen. Dit is de natuurlijke suggestie van de zevende regel. Misschien hoef je in zo'n geval de belofte niet expliciet af te wijzen, maar je moet er niet op bouwen of vertrouwen. Hier speelt een aspect mee van het doen van beloften dat ik niet eerder heb genoemd, maar dat wel reëel is. Soms doen mensen beloften enkel en alleen om daarmee te laten zien dat ze ons welgezind zijn. Wanneer je goede reden hebt om te denken dat een belofte niets meer is dan een signaal van welwillendheid, dan moet je haar niet vertrouwen, hoewel je de geste kunt appreciëren.

Wanneer is een belofte dus te vertrouwen? Op basis van het bovenstaande kunnen we zeggen dat de kwestie of een belofte te vertrouwen is (en dus of ze een toekomstige zekerheid biedt), afhangt van drie factoren: ten eerste van de *inhoud* van de belofte (datgene wat er beloofd wordt), ten tweede van de *persoon* of *instantie* die de belofte doet of de belofte belichaamt, en ten derde van de combinatie van beide: van *wat* het is dat *wie* belooft. Ga maar na.

Als iemand met wie je slechte ervaringen hebt (misschien de aannemer die zich bij de vorige klus niet erg aan de afgesproken termijnen hield), je iets belooft, dan vertrouw je die belofte niet, enkel en alleen op basis van (je kennis van) de *persoon* die de belofte doet.

Soms echter wantrouwen we een belofte enkel op grond van de *inhoud* van wat beloofd wordt. Als iemand belooft een vierkante cirkel voor me te tekenen, dan vertrouw ik die belofte niet op grond van de inhoud: een vierkante cirkel is innerlijk onmogelijk. Als iemand belooft iets te doen wat innerlijk onmogelijk is, dan wijzen we die belofte direct van de hand, ongeacht wie de belofte doet. Met zulke beloften verdoen we onze tijd niet.

Of een belofte te vertrouwen is, hangt in de praktijk vaak af van de combinatie van de persoon die de belofte doet en de inhoud van de belofte. We vertrouwen niet op beloften die excessief zijn. Als iemand belooft om mij zomaar zijn Van Gogh te geven, of haar duinhuisje op Vlieland, dan geloof ik dat niet. In de meeste gevallen zijn zulke beloften letterlijk ongelofelijk. Maar niet altijd. Als jij en ik een heel goede verstandhouding hebben, en jij bent 93 jaar, je hebt een dodelijke ziekte en geen kinderen of kleinkinderen of neven of nichten, en je weet hoezeer ik gesteld ben op je Van Gogh, of je duinhuisje op Vlieland, en je weet dat ik daar goed voor zou zorgen, enzovoorts, dan kan ik die belofte misschien *wel* geloven, er een gevoel van vertrouwen over krijgen en er in mijn gedrag rekening mee houden, kortom: dan kan ik die belofte vertrouwen. Maar hier treden wel heel veel speciale omstandigheden op! Als die er niet zijn, dan vertrouw ik die belofte niet. Het punt is niet dat die belofte innerlijk onmogelijk is; het punt is dat ze excessief is. Excessieve beloften moeten we wantrouwen – althans, wanneer ze zomaar uit de lucht komen vallen en niet in een relatie of een groter verhaal zijn ingebed.

Bij bedrijven en instellingen die beloften doen dan wel belichamen, moet er rekening worden gehouden met het feit dat alleen bepaalde personen de volmacht hebben om een belofte te doen namens het bedrijf of de institutie. Niet elke hoogleraar aan de Vrije Universiteit is geautoriseerd om namens de universiteit iets te beloven (iemand een contract aan te bieden, bijvoorbeeld). Niet elke generaal is geautoriseerd om uit naam van de Nederlandse strijdkrachten nieuwe tanks aan te schaffen, of de opdracht te verstrekken voor het ontwerpen van een nieuw gevechtstenue. Bij het beoordelen van de vraag of een belofte vertrouwenswaardig is, dient ook de autorisatiekwestie in de overwegingen meegenomen te worden.

Wanneer het gaat om het vertrouwen op de beloften van andere personen en het vertrouwen in de belichaamde beloften van instituties, gaan we doorgaans niet alleen uit van onze eigen, persoonlijke ervaringen. Deden we dat wel, dan zouden we personen die we niet eerder ontmoet hebben, nooit vertrouwen, en dus nooit in zee gaan met een aannemer met wie we zelf geen ervaring hebben, of een brandverzekering afsluiten bij een verzekeraar waarmee we nog niet de ervaring hebben gehad dat deze inderdaad de middelen uitkeert na brandschade. We gaan niet alleen af op eigen ervaring, we gaan ook af op wat anderen die wij vertrouwen, zeggen over de betrouwbaarheid van een persoon, bedrijf of institutie. We gaan af op de naam en faam van personen, bedrijven en instellingen. Daarom wordt in de wijsheidsliteratuur vaak benadrukt dat een goede naam 'beter is dan goede olie'[59] en daarom is smaad en laster, een ernstig kwaad (en juridisch strafbaar).

De hedendaagse Amerikaanse filosoof Linda Zagzebski heeft de werking van naam en faam uitgewerkt in wat ze noemt 'het principe van de expansie van vertrouwen',[60] dat ook toegepast kan worden op het vertrouwen op beloften. Stel bijvoorbeeld dat ik geen ervaring heb met een bepaalde aannemer, maar jij wel – en jouw ervaringen zijn positief. Ik ken jou en ik vertrouw jou en je oordeel. Dat brengt mij ertoe om ook die aannemer te vertrouwen. Mijn vertrouwen in de aannemer is niet direct, maar indirect: mijn vertrouwen loopt 'via' jouw vertrouwen. Maar jouw vertrouwen in de aannemer hoeft niet per se gebaseerd te zijn op jouw persoonlijke ervaring met de aannemer. Het kan zijn dat jouw vertrouwen ook loopt via iemand die jij kent en vertrouwt. En in beginsel kan dit proces zich steeds herhalen, waardoor zich een netwerk van vertrouwen vormt. Wat geldt voor vertrouwen in de aannemer, geldt ook voor vertrouwen in een bakkerij, een bank, een krant, een school, een politieke partij: als anderen die jij vertrouwt, vertrouwen hebben in de beloften gedaan door of belichaamd in deze bedrijven en instituten, dan geeft dat jou een reden om die beloften *ook* te vertrouwen.

Als personen, bedrijven of instellingen een goede naam hebben, betekent dat, dat zij te vertrouwen zijn, dat wil zeggen: dat je kunt bouwen op de beloften die zij maken of

---

59 Zoals in het bijbelboek Prediker 7:1 valt te lezen. Vergelijk Spreuken 22:1.

60 'I have reason to trust those who are conscientiously trusted by those I conscientiously trust' (Zagzebski, 2012, 97).

belichamen. Een goede naam is daarmee een toekomstige zekerheid – voor anderen.

Tot nu toe heb ik in dit hoofdstuk enkel gekeken naar beloften vanuit het perspectief van degene aan wie de belofte wordt gedaan: wanneer is het gepast, verantwoord, rationeel om een belofte te vertrouwen? Wanneer is een belofte een toekomstige zekerheid? Op deze vraag is geen heel eenvoudig antwoord te geven, maar de bovenstaande discussie heeft wel een aantal relevante overwegingen blootgelegd. Nu zouden we ons niet hoeven afvragen wanneer het gepast of verantwoord is om een belofte te vertrouwen, als er geen beloften werden gedaan. Ook over het *doen* van beloften valt een vraag te stellen: wanneer is het verantwoord of rationeel om een belofte te doen? Ik wil deze vraag niet in abstracto bespreken, maar tamelijk concreet, namelijk aan de hand van een belofte die velen doen, maar die ook door velen als onredelijk (want onmogelijk) wordt beschouwd: de huwelijksbelofte. Ik meen dat we vanuit de bespreking die volgt, iets kunnen leren over beloften in het algemeen.

Wanneer twee personen willen trouwen, moeten zij de vraag 'Belooft u trouw alle plichten te vervullen die de wet aan de huwelijkse staat verbindt?' met 'ja' beantwoorden. Maar welke plichten verbindt de wet eigenlijk aan de huwelijkse staat? Dat zijn onder meer de plicht om elkaar trouw te zijn, elkaar bijstand en hulp te bieden; om eventuele kinderen op te voeden en de kosten daarvan gezamenlijk te dragen; om de kosten van het huishouden gezamenlijk te dragen; om schulden die worden aangegaan door een van de echtgenoten gezamenlijk te dragen; om aan elkaar toestemming te vragen voor de verkoop van de eigen woning (als die er is) of zaken uit de inboedel; en om aan elkaar toestemming te vragen voor overeenkomsten van koop op afbetaling.[61]

De wet zegt niet dat partners de plicht hebben om elkaar lief te hebben. Dat is een van de redenen waarom bij een huwelijkssluiting de echtgenoten in spe niet slechts 'ja' willen zeggen op de vraag van de ambtenaar van de burgerlijke stand, maar daar veelal een belofte aan willen toevoegen die betrekking heeft op de emotionele aspecten van de verbintenis. Op het internet zijn daarvan vele voorbeelden te vinden, maar een tamelijk willekeurig voorbeeld luidt: 'Ik beloof je om je lief te hebben, je te respecteren en te vertrouwen. Ook beloof ik je om je alle ruimte te geven die je nodig hebt om de wereld te blijven ontdekken, en het beste van mezelf aan jou te geven, in voor- en tegenspoed.' In kerkelijk verband wordt vaak de volgende belofte gebruikt: 'Ik wil je man (vrouw) zijn en ik beloof je trouw te blijven in goede en kwade dagen, in armoede en rijkdom, in ziekte en gezondheid. Ik beloof je lief te hebben en te waarderen al de dagen van mijn leven.'

Is het ooit gepast, verantwoord, rationeel om een dergelijke huwelijksbelofte te doen? Om te beginnen: het ligt zeer voor de hand dat er vele paren van mensen zijn voor wie geldt dat het ongepast, onverantwoord en irrationeel is om dat te doen. Als je elkaar niet kent, moet je dit niet beloven,

---

61 Deze lijst is niet volledig. Andere rechten en verplichtingen zijn: het verschoningsrecht in het strafrecht (iemand hoeft niet tegen zijn echtgenoot te getuigen), belastingtechnische verplichtingen (men wordt door het huwelijk automatisch elkaars fiscale partner) en rechten en plichten bij het overlijden van een van de gehuwden (bij de verdeling van een erfenis, bijvoorbeeld).

en ook niet als je elkaar alleen maar onder zeer uitzonderlijke, niet-representatieve omstandigheden hebt meegemaakt. Wanneer je weet dat je in de toekomst de belofte hoogstwaarschijnlijk zult breken, moet je haar niet doen. Ook als je elkaar wel goed kent en elkaar wel in representatieve omstandigheden hebt meegemaakt, dan nog kunnen er vele redenen zijn die een huwelijkssluiting onverantwoord en irrationeel maken – redenen die te maken hebben met culturele verschillen, verschillen in levensopvattingen, karakterverschillen, verschillen in waardepatronen, enzovoorts. Mijn vraag is echter niet of het soms onverantwoord en irrationeel is om een huwelijksbelofte te doen (dat is het), maar of het soms *wel* verantwoord en *wel* rationeel is.

Er zijn filosofen die menen dat dat nooit het geval is.[62] Ze hebben daarvoor verschillende redenen, redenen die samenhangen met verschillende opvattingen over wat nu precies de inhoud is van de huwelijksbelofte. Ik bespreek er drie. Daarna bespreek ik nog het track-recordargument tegen de rationaliteit van de huwelijksbelofte.

Volgens een eerste opvatting is de huwelijksbelofte de belofte om de ander altijd lief te hebben – en volgens deze opvatting heb je de ander lief als je bepaalde gevoelens hebt voor de ander: gevoelens van dicht bij de ander willen zijn, gefascineerd zijn door de ander, vertederd zijn door hem of haar, de ander willen zien floreren. Dus als je een huwelijksbelofte doet, dan beloof je daarmee dat je voor de ander altijd die bepaalde positieve gevoelens zult hebben. En dit is wat de huwelijksbelofte ongepast en irrationeel maakt. Want, zo is de gedachte, de huwelijksbelofte is in strijd met de eerste regel, die zegt dat je alleen dingen moet beloven

62 Zie bijvoorbeeld Moller (2003).

waarop je greep hebt. Maar op je gevoelens heb je geen greep; gevoelens leiden een autonoom bestaan, ze gaan hun eigen, geheime gang. Je hebt geen greep op hoe je gevoelens jegens de ander zullen zijn over een jaar, of over 10 of 25 of 32 jaar. De huwelijksbelofte is daarom een innerlijke ongerijmdheid, net als jouw belofte dat ik tien keer achter elkaar zes zal gooien met deze eerlijke dobbelsteen. Deze dingen *kun* je niet beloven.

Deze argumentatie doet twee aannames, namelijk dat liefde geheel en al een gevoel is en dat gevoelens autonoom zijn. Hoewel ik de eerste aanname niet deel, denk ik wel dat liefde een emotieve component heeft. Het liefhebben van iemand vergt bepaalde positieve emoties; als die afwezig zijn, is er geen sprake van liefde. Het gaat om zulke gevoelens als de ander graag zien, graag bij de ander vertoeven, geïnteresseerd zijn in de belevingswereld van de ander, uit zijn op het welbevinden van de ander, je eigen diepere gevoelens en gedachten graag willen delen met de ander. Deze aanname zal ik verder niet ter discussie stellen. Het is de tweede aanname (het idee dat gevoelens autonoom zijn) waarop de gedachte dat de huwelijksbelofte ongepast of irrationeel is, is gestoeld. Maar dit is in zijn algemeenheid niet juist.

Naar mijn opvatting is de huwelijksbelofte om elkaar lief te hebben, de belofte om je zodanig op te stellen, om zodanige dingen te doen, dat verwacht mag worden dat daardoor een bepaalde gevoelsmatige toestand van liefde voor en betrokkenheid op de ander blijft voortduren en zelfs wordt geïntensiveerd. Dat is geen innerlijk onmogelijke belofte, want we beloven dan iets waarop we wel degelijk invloed hebben. Het is namelijk onjuist dat gevoelens geheel autonoom zijn – we hebben wel degelijk invloed op ons gevoelsleven.

Er is veel wat we kunnen doen om onze gevoelens voor de ander te doen voortbestaan en zelfs te versterken. Het zijn de eenvoudige dingen, zoals de ander emotioneel en in concrete materiële dingen ondersteunen, hem/haar deelgenoot maken van je verlangens, wensen, angsten en frustraties, geheimen van de ander niet aan derden onthullen, de ander niet voor schut zetten of publiekelijk afvallen, gezamenlijke activiteiten ondernemen, seks hebben, de ander laten merken dat hij/zij een unieke plaats in je leven inneemt.

We hebben, tot op zekere hoogte, invloed op hoe we ons voelen. Als we weten dat we ons miserabel gaan voelen wanneer we die film gaan zien of die persoon gaan ontmoeten of die plek gaan bezoeken, dan kunnen we voorkomen dat we die gevoelens krijgen door die film niet te gaan kijken of die persoon niet te gaan zien of niet naar die plek te gaan. En als we weten dat we van de muziek van Jan Pieterszoon Sweelinck (1562–1621) verstild raken, of dat we van de schilderijen van de negentiende-eeuwse kunstschilders Anton Mauve en Jan Hendrik Weissenbruch in een dromerig melancholieke stemming zullen geraken, en we *zoeken* verstilling of die bepaalde stemming, dan kunnen we die krijgen door naar Sweelinck te luisteren en naar de schilders van de Haagse school te kijken. We zijn feitelijk steeds bezig ons gevoelsleven vorm te geven door bepaalde dingen wel en andere niet te lezen, bepaalde plaatsen en personen wel en andere niet op te zoeken, enzovoorts. We hebben greep op ons gevoelsleven – of in elk geval greep genoeg om de belofte de ander lief te hebben, realistisch te laten zijn. We zijn geen chemicaliën en onze reacties op andere mensen zijn niet te vergelijken met chemische reacties. Het is niet zo dat we naar onze reacties op anderen staan te kijken – nee, we *geven vorm* aan onze emotieve reacties. Daarom is het eerste argument tegen de rationaliteit van de belofte om elkaar lief te hebben, niet overtuigend.[63]

Ik voeg hier nog aan toe dat als we in onze direct persoonlijke kring iets beloven aan de ander, we daarvoor meestal een reden hebben. Als ik jou beloof je te komen helpen met schilderen, heb ik een reden om dit te beloven. Misschien leef ik met je mee, misschien heb ik sympathie voor je, misschien ben je een vriend van me, misschien moet ik iets rechtzetten wat eerder verkeerd is gegaan. Een gratuite belofte is een belofte die iemand doet zonder dat hij/zij daarvoor een goede reden heeft. Wie een huwelijksbelofte doet, die heeft daarvoor een goede reden, of dient die te hebben. Wat kan een goede reden zijn? *De ander* is een reden. Het feit dat Freek Freek is, is de reden voor Hella om hem te beloven hem lief te hebben; en het feit dat Hella Hella is, is voor Freek de reden om haar te beloven haar lief te hebben.

De huwelijksbelofte kan ook op een tweede manier worden uitgelegd, een manier die eveneens problematisch is. Volgens deze uitleg is de huwelijksbelofte de belofte om bij de ander te blijven, zelfs als je de ander niet meer liefhebt, als alle gevoelens geweken zijn. Zo uitgelegd is de huwelijksbelofte niet in strijd met de eerste maar met de tweede regel, die stelt dat je alleen iets moet beloven wat de ander wenst of begeert, dus alleen iets wat door de ander als goed wordt gezien. Als je deze uitleg als reden aanvoert om het doen van de huwelijksbelofte als irrationeel te zien, dan zeg je dat trouwen irrationeel is omdat niemand die vandaag de dag in het huwelijk treedt in onze culturele sfeer, wenst of

63 De gedachte dat liefde meer is dan chemie, is op een overtuigende wijze uiteengezet door Vansteenwegen (2016).

begeert dat de ander ook bij hem/haar blijft als alle verbinding en alle positieve gevoelens voorgoed geweken zijn. Deze uitleg is echter helemaal niet reëel. Immers, niemand die vandaag de dag trouwt, meent dat dit de werkelijke inhoud van de huwelijksbelofte is.[64] Deze tweede reden om het doen van de huwelijksbelofte af te wijzen, is daarom evenmin overtuigend.

Volgens een derde opvatting is de huwelijksbelofte de belofte om bij de ander te blijven zolang je de ander liefhebt en dat als de liefde geweken is, je de verbintenis verbreekt. Op deze wijze uitgelegd strijdt de huwelijksbelofte niet met de eerste en ook niet met de tweede regel, maar met de vierde regel ('Beloof niet iets wat onafhankelijk van je belofte toch al zal gebeuren'). Want als dit de inhoud van de belofte is, vervalt de eigenlijke *pointe* van de belofte. Om bij de ander te blijven *zolang* je de ander liefhebt, daarover hoef je geen belofte te doen, want dat is iets wat je toch wel doet. Je blijft gewoon zolang de liefdesgevoelens er zijn; zijn ze geweken, dan vertrek je. Je hoeft ook niet te beloven dat je alleen maar zult lachen wanneer je iets grappig vindt: dat doe je toch wel.

Mijn reactie op deze drie kritische benaderingen van de huwelijksbelofte is dus dat ze ofwel een onjuist beeld geven van wat de huwelijksbelofte inhoudt, ofwel een onjuist beeld geven van de invloed die we kunnen uitoefenen op onze gevoelens.

---

64 De toevoegingen 'vandaag de dag' en 'in onze culturele sfeer' zijn niet onbelangrijk. In het verleden zijn tussen vorstenhuizen huwelijken gesloten vanuit zuiver politieke overwegingen, en in andere culturele sferen is uithuwelijken nog steeds niet ongebruikelijk. Zie Coontz (2006); haar betoog is dat de geschiedenis van het huwelijk de geschiedenis is van hoe affectieve liefde het huwelijk veroverde.

Een ander argument tegen de rationaliteit van de huwelijksbelofte is een inductief argument: het zogeheten track-recordargument. Het argument is eenvoudigweg dit: veel huwelijken stranden vandaag de dag; de huwelijksbelofte wordt wel gedaan, maar vaak niet nagekomen. In 1950 vonden er in ons land per 1.000 echtparen 3 echtscheidingen plaats. In het jaar 2000 was dat aantal per 1.000 echtparen gestegen naar ongeveer 10.[65] In september 2020 werden er in Nederland 9.470 huwelijken gesloten (inclusief geregistreerde partnerschappen), terwijl er 2.439 scheidingen plaatsvonden.[66] Een huwelijkssluiting is daarmee, zo vervolgt het argument, een te grote gok en een irrationeel risico om te nemen, mede gezien de financiële en emotionele gevolgen van een scheiding voor de betrokkenen, met name de kinderen.

Ik maak drie kanttekeningen bij deze argumentatie. Ten eerste, het feit dat anderen vaak vergeten zijn de boeken mee te nemen die ze beloofd hadden te zullen meenemen, is voor mij geen goede reden om nooit meer aan iemand te beloven een boek voor hem of haar mee te nemen. Natuurlijk, er is een enorm verschil tussen een huwelijksbelofte en de belofte om een boek mee te nemen. Maar de redenering waarom het één irrationeel is, is structureel identiek aan de redenering waarom het ander irrationeel zou zijn. Echter, als het als zodanig niet irrationeel is om te beloven een boek mee te nemen (ook al komen velen hun belofte niet na), dan

65 Bron: Nationale Echtscheidingsmonitor: https://www.judex.nl/rechtsgebied/familie-echtscheiding/columns/nationale-echtscheidingsmonitor-2020/.

66 Bron: CBS (www.cbs.nl), internetpagina 'Huwen, partnerschap; sluiting en ontbinding per maand' (geraadpleegd in oktober 2020).

is, analoog daaraan, ook het doen van de huwelijksbelofte als zodanig niet irrationeel (ook al eindigt een derde van de in ons land gesloten huwelijken in een echtscheiding).

Ten tweede, er is een groot verschil tussen een gok en een huwelijksbelofte. Als je bij een roulettespel je fiches inzet op een *corner*, dan is dat een totale gok, omdat je geen enkele invloed kunt uitoefenen op wat het winnende nummer zal zijn. Maar als je een huwelijksbelofte doet, dan is dat geen totale gok, omdat je directe invloed kunt uitoefenen op het wel of niet nakomen van je belofte.

De derde kanttekening is misschien wel de belangrijkste. Zeker, huwelijken kunnen stranden. Maar wat dat aantoont, is niet dat de huwelijksbelofte als zodanig irrationeel is, maar dat je, als je overweegt zo'n belofte te doen, je je ervan moet vergewissen dat er een goede basis is voor zo'n belofte. Door een scala aan factoren kan die basis afwezig zijn. Ik noemde er al een paar: mensen kunnen te jong of te onvolwassen zijn om een dergelijke belofte te doen; ze kunnen elkaar nog helemaal niet goed kennen; ze kunnen liefde verwarren met sentimentaliteit, met seksuele opwinding of met esthetische bewondering; of ze kunnen meer in het algemeen instabiel zijn en onverantwoord gedrag vertonen. Als deze feiten zich voordoen, dan is de verwachting dat het huwelijk zal stranden, groter dan wanneer ze zich niet voordoen.

Een andere factor die belangrijk is bij het welslagen van een huwelijk, heeft te maken met de bereidheid van de huwelijkspartners om zich in te zetten voor het huwelijk. Voor sommige mensen is het eenvoudiger dan voor anderen om dingen te doen die de liefde onderhouden, zoals tijd besteden en aandacht geven aan de ander. Naarmate je weet dat

dat je moeilijk valt, is het minder rationeel om een huwelijksbelofte te doen.

Wat geldt voor de huwelijksbelofte, geldt voor beloften in het algemeen. Gegeven de persoon die je bent, of gegeven de omstandigheden waarin je verkeert, kan het soms heel verstandig en rationeel zijn om bepaalde beloften niet te doen, hoe sociaal gewenst die misschien ook zijn. Als je weet dat financiële zaken je niet echt kunnen boeien en je het vervelend vindt om je daarmee bezig te houden, dan is het onverstandig om je verkiesbaar te stellen als penningmeester van de schaakclub. Als je weet dat je veel plezier hebt in organiseren, dan is het rationeel om je benoeming in de feestcommissie te aanvaarden. Een goede belofte heeft een deugdelijke grond – en zonder die grond is de belofte vaak tot mislukken gedoemd. In de statistieken over gebroken huwelijken zijn ook alle huwelijken opgenomen waarvoor de basis te wankel was. Mede daarom is het inductieve argument tegen het huwelijk niet zonder meer sterk. Het huwelijksbootje is geen motorboot met een oneindige voorraad brandstof. Het is een roeiboot waarin de gehuwden beide aan de roeispanen moeten zitten; en als het geen roeiboot is, dan is het een zeilboot waarin gewerkt moet worden om de zeilen, gegeven de gezamenlijke bestemming, op de juiste manier te zetten – en waar men soms krachtig aan het roer moet staan.

De toekomstige zekerheid die een belofte kan bieden, is sterker naarmate degene die de belofte doet, in staat geacht kan worden de belofte gestand te doen. Het uiterste is hier een belofte waarvan we goede reden hebben om te denken dat een almachtige en algoede persoon haar gedaan heeft.

In de christelijke traditie is gezegd dat God die persoon is.[67] Volgens het christendom heeft God vele beloften gedaan, zowel algemene als specifieke – beloften die God, gegeven zijn unieke eigenschappen, in staat moet worden geacht na te komen.[68] Ik denk hier aan zulke algemene beloften als dat God zijn scheppingswerk niet loslaat en dat God zich neigt naar het gebed van ieder mens. Ook denk ik aan zulke meer specifieke beloften als dat er een aarde zal komen waarop onrecht niet meer bestaat, dat ooit ieder mens geoordeeld zal worden en dat wat scheef is gegaan en gedaan, rechtgezet zal worden.[69]

Of God er is, is de vraag. En als God er is, is het de vraag of hij deze beloften heeft gedaan.[70] Op deze vragen ga ik niet in. Maar *als* God er is, en *als* God deze beloften heeft gedaan, dan bieden ze toekomstige zekerheden. In de klasse van toekomstige zekerheden die gegenereerd zijn door beloften, zouden ze het ene uiterste vormen. Het andere uiterste zou gevormd worden door bedrieglijke en misleidende beloften gedaan door mensen van laag allooi. In de alledaagse werkelijkheid zitten de beloften die wij doen en die aan ons gedaan worden, tussen deze twee uitersten in.

---

67 Voor een bespreking van de zogeheten goddelijke omni-eigenschappen, zie Van den Brink & Sarot (1995).
68 Voor een bespreking van beloften waarvan christenen geloven dat God ze gedaan heeft, zie Van den Brink & Van der Kooi (2012, hfst. 16).
69 De neomarxist Max Horkheimer (1895–1973) zag de grote betekenis van het geloof in een goddelijk oordeel: het betekent dat de beul niet blijvend zegeviert over zijn slachtoffer. Zie Horkheimer (1970).
70 Voor argumentatie hiervoor, zie Paas & Peels (2013).

HOOFDSTUK 6

Hopen en verwachten: twee toekomstgerichte houdingen

Er zijn dus, in diverse gradaties, toekomstige zekerheden. In dit hoofdstuk denk ik na over hoe toekomstige zekerheden zich verhouden tot wat ik onze *mentale toekomstgerichte houdingen* noem, en dan met name hopen en verwachten. Want tussen deze zekerheden en mentale houdingen bestaan er belangrijke relaties. Bovendien zijn hoop en verwachting als zodanig belangrijk in deze tijd waarin we ons allemaal onzeker voelen worden in het aangezicht van de grote vraagstukken waarmee we via vele kanalen worden geconfronteerd. Er is veel dat ons terneer kan drukken en veel dat onze hoop kan doen vervliegen. Ik begin dit hoofdstuk met na te gaan wat hoop is en ik doe dat door hoop en verwachting met elkaar te vergelijken en in zekere zin met elkaar te confronteren. Nadat ik dat heb gedaan, kom ik terug op de vraag hoe hoop en verwachting zich verhouden tot toekomstige zekerheden.

Om te beginnen: tal van onze mentale houdingen zijn toekomstgericht. Niet alle, uiteraard. Niet bijvoorbeeld de houding die we hebben als we ons het moment herinneren waarop we de eerste euro's in onze handen kregen, toen die vanaf 1 januari 2002 werden vrijgegeven, of als we ons het Satieconcert herinneren van Reinbert de Leeuw (1938–2020) in het Haagse Diligentia theater. Wanneer we herinneringen hebben, zijn onze mentale houdingen (meestal)[71] gericht op wat verleden tijd is. Maar op andere momenten zijn ze toekomstgericht. Bijvoorbeeld wanneer we *hopen* dat het vaccin de pandemie zal indammen. Of *verwachten* dat de VVD bij de komende verkiezingen de grootste partij zal blijven. Of *vrezen* dat de bossen in Nederland er nog slechter aan toe zijn dan we al dachten. Of ernaar *verlangen* om weer een avond naar het Concertgebouw te kunnen. De gecursiveerde woorden duiden toekomstgerichte houdingen aan. Ze weerspiegelen het feit dat we *toekomst*gericht leven, dat de gang van het leven naar de toekomst toe is. Andere woorden weerspiegelen dat feit eveneens, ook al duiden ze geen mentale houdingen aan. Bijvoorbeeld als we een bezoek *plannen* aan de tentoonstelling van de hedendaagse kunstschilder Henk Helmantel in Westeremden, of als we *voorspellen* dat het weer in Nederland extremer zal worden. Deze laatste twee gecursiveerde woorden duiden geen toekomstgerichte mentale houdingen aan, maar toekomstgerichte mentale acten.

Als we deze houdingen en acten met enige precisie bekijken, dan valt een aantal dingen vrijwel onmiddellijk op.

---

71 Meestal, maar lang niet altijd. Je herinnert je je pincode of het adres van een collega of de eerste regels van Martinus Nijhoffs 'Het uur U'. Maar deze herinneringen zijn niet op iets in het verleden gericht. Je herinnert je je pincode, het adres van een collega of de versregels ook wanneer je je *niet* de momenten in het verleden herinnert waarop je deze feiten te weten bent gekomen. We herinneren ons vaak het heden.

Ten eerste valt op, dat we sommige van de aangeduide houdingen uitsluitend hebben met betrekking tot iets goeds, of preciezer: met betrekking tot iets wat we als goed beleven. Dit geldt voor *hopen op* en *verlangen naar*. Ten tweede valt op, dat we sommige van de aangeduide houdingen uitsluitend hebben tegenover iets wat *negatief* is, of als zodanig door ons wordt ervaren. Dit geldt voor *vrezen dat*. De derde observatie is, dat we sommige van de aangeduide houdingen hebben onafhankelijk van of we de dingen waar ze betrekking op hebben, als goed of als kwaad ervaren. Dit geldt voor *verwachten*: je kunt verwachten dat je zult slagen voor het examen, maar ook dat je zult zakken. Ten vierde valt op, dat we sommige van de aangeduide houdingen afwisselend hebben ten opzichte van hetzelfde object: soms hoop je dat er regen komt, soms vrees je dat; soms verlang je naar een beetje reuring, soms niet. De vijfde observatie is, dat deze houdingen vaak persoonsafhankelijk zijn: de een hoopt op een kabinet met een minister-president van de VVD, de ander vreest dat; de een verlangt ernaar de eerste symfonie van Bernard Zweers (1854–1924) weer eens uit te voeren, de ander taalt er niet naar. De laatste snelle observatie is, dat er tussen toekomstgerichte houdingen implicatieve relaties kunnen bestaan: als je hoopt op Casimirs komst, impliceert dat dat je tevens verlangt naar zijn komst – hoop impliceert verlangen. Maar het impliceert geen verwachting, zoals zal blijken.

Hopen en *verwachten* worden soms als synoniemen gebruikt. Maar ze zijn echt verschillend. Dat blijkt onder meer hieruit: je kunt hopen op iets wat je niet verwacht, en je kunt iets verwachten waar je niet op hoopt. Je kunt bijvoorbeeld hopen dat Peter weer beter wordt, zonder het te verwachten, en je kunt hopen op een Elfstedentocht in 2025, zonder er een te verwachten. Omgekeerd: zeilend op het IJsselmeer kun je verwachten dat het zal gaan stormen, zonder daarop te hopen, en je kunt verwachten dat het gesprek met de enquêtecommissie zwaar gaat worden, zonder daarop te hopen. Hopen en verwachten zijn niet hetzelfde en ze gaan ook niet noodzakelijk hand in hand (al kan dat wel: ik kan hopen dat Marie-Lou komt en dat tegelijkertijd verwachten). Maar dit alles zegt ons nog niets over wat hopen is en wat verwachten is.

We kunnen leren wat hopen is, door te kijken naar wat vreemd en ongepast is om te zeggen over hopen en na te gaan waarom dat zo is.[72] Bezie eens de volgende uitspraken:

1. 'Ik hoop dat ik failliet ga.' 'Ik hoop dat het schip zinkt.' 'Ik hoop dat m'n geliefde haar enkel verstuikt.'

Wat vreemd en ongepast is aan deze uitspraken, is dat datgene waarop gehoopt wordt, iets is wat ongewenst of verkeerd is. Hoop is gericht, zo suggereerde ik al, op iets wat gewenst is, iets wat als goed wordt ervaren. De voorbeelden in (1) zijn daarom ongepast en vreemd: datgene waarop gehoopt wordt, is iets negatiefs. Het is echter wel duidelijk dat de kwestie of iets negatief is of als ongewenst wordt ervaren, contextgevoelig is. Ik kan gemakkelijk contexten bedenken waarin de uitspraken in (1) niet vreemd zijn. Ik

72 Dit is dezelfde techniek als die ik gebruikte in hoofdstuk 3 bij de analyse van beloven; het is een techniek die verfijnd is door ordinary-languagefilosofen zoals J.L. Austin, Gilbert Ryle en Ludwig Wittgenstein, maar die al eerder werd toegepast door bijvoorbeeld Thomas Reid. Zie Nuchelmans (1971, 168–234).

kan echt hopen dat m'n geliefde haar enkel verzwikt, als ik er zeker van ben dat als dat niet gebeurt, een veel grotere ramp haar zal treffen – misschien is ze van plan om ongetraind de Mont Blanc te beklimmen en zal een verzwikking van haar enkel haar van die levensgevaarlijke onderneming afhouden. Maar in min of meer normale contexten zijn de voorbeelden in (1) vreemd en ongepast. Hieruit blijkt dat hoop gericht is op een goed, of op iets wat als een goed wordt beleefd.

Bezie nu de volgende voorbeelden:

2. 'Ik hoop dat Nederland een koninkrijk is.' 'Ik hoop dat de aarde een maan heeft.'

Veronderstel dat deze uitspraken worden gedaan door iemand die een goede scholing heeft gehad en dus weet dat Nederland een koninkrijk is en dat de aarde een maan heeft. Dan is wat deze persoon zegt, bevreemdend. Waarom? Omdat je niet kunt hopen op iets wat al het geval is. Dit zei Paulus al bijna tweeduizend jaar geleden, toen hij schreef dat hoop die gezien wordt, geen hoop is, want 'hoe zal men hopen op hetgeen men ziet?' (een retorisch bedoelde vraag).[73] De uitspraken bij (2) zijn ongepast om een reden die verwant is aan de reden waarom het vreemd en ongepast is om te zeggen 'Ik beloof je dat er in 1750 een slavenopstand uitbrak op Curaçao': je kunt net zomin hopen op wat al een feit is, als dat je iets kunt beloven wat al een feit is (zoals de derde regel ook impliceert). Hoop is dus een houding die uitsluitend betrekking kan hebben op wat nog niet het geval is, op wat nog geen feit is.

---

73 Zie Romeinen 8:24.

Wellicht ten overvloede voeg ik hieraan toe dat we wel kunnen hopen dat in de toekomst zal blijken dat een bepaalde gebeurtenis in het verleden *niet* heeft plaatsgevonden. Nabestaanden van Jean Jaureguy kunnen bijvoorbeeld hopen dat uit onderzoek zal blijken dat hun voorvader, anders dan we in de geschiedenisboeken lezen, toch geen poging heeft gedaan om Willem van Oranje te vermoorden. Dit is niet in strijd met wat ik eerder zei. Want datgene waarop de nabestaanden hopen, is een toekomstige gebeurtenis, namelijk dat toekomstig onderzoek zal aantonen dat Jaureguy geen moordaanslag heeft gepleegd.

Bevreemdend en ongepast zijn ook de volgende uitspraken:

3. 'Ik hoop dat Jessica gisteren komt.' 'Ik hoop dat Thorbecke *Om de oude wereldzee* heeft geschreven.'

Dat zijn ze om redenen die verwant zijn aan de redenen waarom de uitspraken bij (1) ongepast en vreemd zijn. Datgene waarop in de uitspraken bij (3) gehoopt wordt, is ofwel iets wat in het verleden al heeft plaatsgevonden (in de eerste uitspraak), ofwel iets wat nu al onwaar is (dat Thorbecke *Om de oude wereldzee* heeft geschreven, is onwaar: Kuyper schreef dat werk). Ook hier geldt weer dat iemand wel kan hopen dat zal blijken dat Jessica gisteren is gekomen of dat Thorbecke dat indrukwekkende boek heeft geschreven – maar dat is iets totaal anders dan wat de uitspraken bij (3) zeggen. Deze voorbeelden wijzen uit dat we niet kunnen hopen op iets uit het verleden, maar alleen op wat in de toekomst zal gebeuren.

Misplaatst zijn ook uitspraken als deze:

4. ‘Ik hoop dat volgend jaar 2 + 2 nog steeds 4 is.’ ‘Ik hoop dat over een jaar cirkels nog middelpunten hebben.’

Waarom? Omdat iets wat noodzakelijk is, ook in de toekomst het geval zal zijn. En het is vreemd om te hopen op iets waarvan we weten dat het een volkomen toekomstige zekerheid is. Dit laat zien dat hoop gericht moet zijn op iets wat *niet noodzakelijk* is, dus iets wat contingent is, iets wat misschien nooit werkelijkheid zal worden.

Bezie vervolgens deze uitspraken:

5. ‘Ik hoop dat volgend jaar 2 + 2 geen 4 meer is.’ ‘Ik hoop dat er volgende maand meerdere even priemgetallen zijn.’ ‘Ik hoop dat de cirkel in het gras morgen geen middelpunt meer heeft.’ ‘Ik hoop dat rood ooit geen kleur meer zal wezen.’

Wat deze uitspraken absurd maakt, is dat datgene waarop gehoopt wordt, innerlijk onmogelijk of noodzakelijk onwaar is. We kunnen niet hopen op wat innerlijk onmogelijk is, alleen maar op wat mogelijk is, of preciezer gezegd: alleen maar op wat we mogelijk achten.[74] Hoop kan dus alleen maar gericht zijn op iets wat *mogelijk* is – niet op wat noodzakelijk is, noch op wat innerlijk onmogelijk is.

---

74 Hier kan een discrepantie ontstaan, want we kunnen iets mogelijk achten wat innerlijk onmogelijk is. Een voorbeeld hier is Descartes, die meende dat, omdat voor God alles mogelijk is, God een driehoek kan maken waarvan de som van de hoeken niet gelijk is aan de som van twee rechte hoeken. De theoloog Gisbertus Voetius (1589–1676) bekritiseerde Descartes op dit punt; hij betoogde dat wat innerlijk onmogelijk is, ook voor God onmogelijk is.

Laten we ten slotte kijken naar deze twee uitspraken:

6. 'Ik hoop dat Paul van Ostaijen komt, maar ik geloof niet dat dat mogelijk is.' 'Ik hoop dat er meerdere even priemgetallen zijn, maar ik geloof niet dat die er zijn.'

Wat hier bevreemdend is, is de combinatie van hopen op iets en niet geloven dat wat je hoopt, mogelijk is. Als jij hoopt dat Paul van Ostaijen komt, terwijl je weet dat Van Ostaijen allang is overleden, dan gaat er iets mis. Hetzelfde geldt voor de andere uitspraak: als je weet (en dus gelooft) dat er maar één even priemgetal is (namelijk het getal 2), dan kun je niet hopen dat er meerdere even priemgetallen zijn. Hieruit blijkt dat als je iets hoopt, je moet geloven dat wat je hoopt, niet onmogelijk is.

Op basis van het bovenstaande kunnen we het volgende zeggen:

> Als persoon P hoopt dat X (bijvoorbeeld dat de bus op tijd komt, dat je beter wordt, dat de klimaattop een significant resultaat zal opleveren), dan moet het volgende het geval zijn:[75]
>
> I. X is nog geen werkelijkheid, maar ligt in de toekomst;
> II. P ervaart of beschouwt X als iets goeds;
> III. P verlangt ernaar dat X werkelijkheid wordt;
> IV. X is mogelijk maar niet noodzakelijk of onvermijdelijk;
> V. P gelooft dat X niet onmogelijk is.

75 Deze voorwaarden zijn noodzakelijk voor hopen – ze zijn mogelijk niet voldoende.

Ik beschouw (ii) en (iii) als afzonderlijke condities. De reden hiervan is dat ik X als iets goeds kan beschouwen, zonder dat ik verlang naar X. Ik ervaar de schilderijen van Anton Mauve en van Jan Hendrik Weissenbruch als iets goeds – en het bezit ervan zou ook iets goeds zijn. Maar dit betekent niet dat ik ernaar verlang een Mauve of een Weissenbruch te bezitten. Er zijn dingen die ik als goed en waardevol beschouw, maar die ik toch niet verlang me toe te eigenen of te verwerkelijken. Voor hopen is dat verlangen echter wel een vereiste; dit is de reden waarom (iii) als een afzonderlijke conditie is opgenomen.

We kunnen eveneens iets leren over wat *verwachten* is door te kijken naar wat bevreemdend of misschien zelfs ongepast is om te zeggen over verwachtingen. Laten we beginnen met de volgende uitspraken:

7. 'Ik verwacht dat ik nu in Loppersum ben.' 'Ik verwacht dat mijn naam René is.' 'Ik verwacht dat ik aan de Vrije Universiteit werk.'

Neem daarbij aan dat de omstandigheden waarin ik dit zeg, heel gewoon zijn: ik weet waar ik ben, wat mijn naam is en waar ik werk. In zulke omstandigheden zijn de uitspraken opmerkelijk en ongepast. Waarom? Omdat verwachten een toekomstgerichte houding is en datgene wat in (7) wordt verwacht, geen dingen zijn die in de toekomst zijn gelegen, maar dingen die al het geval zijn en waarvan ik *weet* dat ze het geval zijn. Je kunt niet verwachten dat X, als je weet dat X (al) werkelijkheid is. In zeer speciale omstandigheden kunnen de uitspraken niettemin volkomen gepast en niet vreemd zijn. Stel dat ik met jou meerijd in de auto en dat ik net ben ontwaakt uit een sluimering; als ik dan zeg 'Ik verwacht dat we nu in Loppersum zijn', is dat niet vreemd. In dat geval *weet* ik niet of ik in Loppersum ben. En wat ik verwacht, ligt in de toekomst: ik verwacht dat (in de zeer nabije toekomst) *zal blijken* dat we in Loppersum zijn.

Vreemd zijn ook de volgende drie uitspraken:

8. 'Ik verwacht dat er vorig jaar geen aardbevingen zijn in Groningen.' 'Ik verwacht dat Nederland neutraal is in de Eerste Wereldoorlog.' 'Ik verwacht dat er in 1584 minstens vier huurmoordenaars in Delft rondhingen die het op Willem van Oranje hadden gemunt.'

De reden hiervoor is dat de gebeurtenissen[76] waarvan gezegd wordt dat ze verwacht worden, in het verleden liggen. Maar zoals ik al zei, is verwachten een toekomstgerichte houding en zo'n houding kunnen we niet hebben ten opzichte van iets wat in het verleden is gebeurd. Wat uiteraard wel kan, is dat we verwachten dat *zal blijken* dat er vorig jaar geen aardbevingen zijn geweest in Groningen. Maar dat is iets anders.

Bezie nu de volgende voorbeelden:

9. 'Ik verwacht dat 2 + 2 = 4.' 'Ik verwacht dat als Albert Jeroen Kramer langer is dan Dennis Bergkamp en Dennis Bergkamp langer is dan Alphons Diepenbrock, Albert Jeroen Kramer dan ook langer is dan Alphons Diepenbrock.'

---

76 Ik beschouw een niet-aardbeving in Groningen ook als een gebeurtenis.

Wanneer we kijken naar deze uitspraken, dan zien we iets opvallends. Wat hier verwacht wordt, zijn toekomstige zekerheden van de eerste klasse: zekerheden aangaande wat noodzakelijk waar is. En wat nu opvalt, is dat, terwijl het merkwaardig is om te zeggen dat we hopen op iets wat noodzakelijk waar is, het *niet* vreemd is om te zeggen dat we het *verwachten*.

De volgende uitspraken zijn vreemd:

10. 'Ik verwacht dat Willem Elsschot naar de tentoonstelling over The Rolling Stones in het Groninger Museum zal komen.' 'Ik verwacht dat deze parallelle lijnen elkaar in punt A zullen kruisen.'

Deze uitspraken zijn vreemd omdat ze zeggen dat iets wat onmogelijk is, wordt verwacht. Elsschot is allang dood en het is dus onmogelijk dat hij naar die tentoonstelling komt, en het is eveneens onmogelijk dat parallelle lijnen elkaar kruisen. We kunnen dus uitsluitend hopen op iets wat niet onmogelijk is.

Ten slotte kijken we naar deze twee uitspraken:

11. 'Ik verwacht dat Elsschot komt, maar ik geloof niet dat dat mogelijk is.' 'Ik verwacht dat Forum voor Democratie wordt weggestemd, maar ik geloof niet dat dat mogelijk is.'

Van deze uitspraken kunnen we zeggen dat het vreemde 'm zit in de combinatie van iets verwachten en niet geloven in de mogelijkheid van wat je verwacht. Wil je verwachten dat Elsschot komt, dan moet je op z'n minst geloven dat het mogelijk is dat hij komt. Als je dat niet gelooft, kun je niet echt verwachten dat hij komt.

Op basis van het bovenstaande kunnen we het volgende zeggen:

> Als persoon P verwacht dat X, dan moet het volgende het geval zijn:[77]
> I. X ligt in de toekomst;
> II. X is mogelijk, waarbij X zowel contingent als noodzakelijk kan zijn;
> III. P gelooft dat X niet onmogelijk is.

Het is denkbaar dat iemand ten onrechte gelooft dat iets mogelijk is. In dat geval is voorwaarde (iii) wel vervuld, maar (ii) niet. In zo'n geval hebben we te maken met een valse verwachting. Is een valse verwachting echter nog wel een verwachting? Ik denk het niet, en wel om een reden die ik eerder ook al gebruikte – de reden namelijk dat een valse vriend geen vriend is, en Monopolygeld geen geld.

Wanneer we de onderlinge relatie tussen hopen en verwachten bezien, dan blijkt dat voorwaarde (i) voor beide dezelfde is: deze voorwaarde maakt dat beide houdingen toekomstgericht zijn. Verder geldt voor beide dat hetgeen gehoopt respectievelijk verwacht wordt, mogelijk moet zijn en dat de betrokken persoon moet geloven dat het mogelijk is. Maar voor het overige is er verschil. Voorwaarde (ii) voor hopen (P ervaart of beschouwt X als iets goeds) geldt niet voor verwachten. Dit weerspiegelt het feit dat we dingen kunnen verwachten die we niet als positief erva-

77 Dit zijn noodzakelijke voorwaarden, maar ze zijn vermoedelijk niet voldoende.

ren, dus dingen waar we niet op hopen. Het weerspiegelt ook het feit dat als we hopen op X, we ook verlangen naar X – een conditie die afwezig is bij verwachten. Voor hopen geldt dat hetgeen waarop gehoopt wordt, iets contingents is, maar hetgeen we verwachten, kan zowel contingent als noodzakelijk zijn.

Er is een verdere kwestie inzake het verschil tussen hopen en verwachten waaraan ik nu aandacht wil schenken. Wanneer iemand iets verwacht, dan is het altijd zinnig om te vragen: waarom verwacht je dat? Waar is je verwachting op gebaseerd? Wat is je reden om het te verwachten? En dan kan het antwoord luiden:

- Mijn verwachting dat hij zal komen helpen, is gebaseerd op het feit dat hij het me heeft beloofd.
- Ik verwacht dat de aarde verder zal opwarmen, omdat dat nu eenmaal de tendens is die klimaatonderzoekers waarnemen.
- De basis voor mijn verwachting dat Brigitte Kaandorps nieuwe show hilarisch zal zijn, is dat haar eerdere shows dat ook waren.
- De basis voor mijn verwachting dat Mark Rutte een voorstander is van verdere marktwerking in de zorg, is dat hij politiek gesproken een liberaal is, en over het algemeen geloven liberalen dat marktwerking kwaliteitsverhogende en kostendrukkende effecten heeft.

Verwachtingen, althans realistische, dienen een basis of grond te hebben – en zoals de zojuist gegeven voorbeelden al duidelijk maken, is er een diversiteit aan verwachtingsbases: een gedane belofte, een waargenomen tendens of ontwikkeling, de aanwezigheid van bepaalde eigenschappen in een ding, inductie, een politieke ideologie. En dit is geen uitputtende lijst.

Maar kunnen we dezelfde vragen ook stellen voor hopen? Voordat ik deze vraag oppak, bespreek ik eerst een ander punt. Moeten we naar aanleiding van het bovenstaande nu zeggen dat een aanvullende conditie voor verwachten is, dat P's verwachting een grond, een reden heeft? Mijns inziens moeten we dat niet doen. Want soms hebben we ongegronde verwachtingen, verwachtingen waarvoor we geen grond hebben, zoals we na enige reflectie in zulke gevallen ook moeten erkennen. Maar ook in zulke gevallen is er toch echt sprake van verwachting.

Terug naar waar het me om gaat. Kunnen we vragen: waar is je hoop op gebaseerd? Welke reden heb je om dit te hopen? Ik moet zeggen dat deze vragen mij vreemd in de oren klinken. En de eerste klinkt vreemder dan de tweede. Want de tweede vraag kan, met enige goede wil, nog worden opgevat als een verzoek om uitleg waarom je datgene waarop je hoopt, waardevol, belangrijk of begerenswaardig vindt, waarom je het een goed acht. Dus als iemand aan je vraagt welke reden je hebt om te hopen dat de klimaattop slaagt, dan kan jouw antwoord daarop luiden: 'Omdat als de klimaattop slaagt, de kans op een gezonde planeet groter wordt. En een gezonde planeet is een zeer groot goed, want het is een bestaansvoorwaarde voor de mensheid.' Maar dit is geen grond voor de hoop dat de klimaattop zal slagen, op de manier waarop het feit dat klimaatwetenschappers die tendens waarnemen, *wel* een grond is voor de verwachting dat de aarde verder zal opwarmen.

De vraag 'Waarop is je hoop gegrond?' is dus een vreemde vraag. De vraag 'Waarop is je verwachting gegrond?' is dat niet. Authentieke hoop heeft geen grond, authentieke verwachting wel. Authentieke hoop heeft ook geen grond nodig, authentieke verwachting wel. Als een verwachting ongegrond is, is dat een reden om de verwachting te kritiseren (of om degene die die verwachting heeft, te kritiseren), maar als hoop geen grond heeft, is dat geen reden voor kritiek.

Ik kan me voorstellen dat iemand hier aarzelingen bij heeft. Want schrijft bijvoorbeeld de apostel Petrus niet aan zijn lezers dat ze bereid moeten zijn om rekenschap af te leggen van de hoop die in hen is?[78] Vraagt hij daarmee niet aan zijn lezers om redenen te geven voor hun hoop? Vraagt hij daarmee niet precies datgene waarvan ik heb gesuggereerd dat het een bevreemdende vraag is? Ik breng hierbij de volgende overwegingen naar voren. Hopen, zo hebben we gezien, vergt dat de betrokkene gelooft dat hetgeen hij/zij hoopt, mogelijk is; dat is gevat in conditie (v). De oproep om rekenschap af te leggen van de hoop kan daarom ook begrepen worden als de oproep om rekenschap af te leggen van de vervulling van conditie (v). In het geval van Petrus' lezers zou dat betekenen dat ze moeten kunnen uitleggen waarom datgene waarop ze hopen – een eeuwig leven – inderdaad mogelijk is.[79]

Het verschil tussen hopen en verwachten kan ik misschien ook zo verwoorden: terwijl verwachtingen een basis

---

78 Zie 1 Petrus 3:15.

79 Een andere overweging is dat de woorden die Petrus gebruikt, niet perfect vertaald zijn met 'rekenschap' en 'hoop'. Sommige vertalingen spreken over '*getuigen* van de hoop die in u is' – hetgeen een handeling is die verricht kan worden zonder redenen of argumenten te gebruiken.

of grond of reden hebben, hopen we dingen zonder dat we daar een basis of grond of reden voor hebben. Anders gezegd: terwijl verwachting redelijk of onredelijk, rationeel of irrationeel is (afhankelijk van of de verwachting een basis of grond heeft), is hoop dat niet. We kunnen onredelijk zijn in wat we verwachten (namelijk als onze verwachting niet gebaseerd is op een goede reden), maar niet irrationeel zijn in waar we op hopen (tenzij daarmee bedoeld wordt dat wat we hopen, innerlijk onmogelijk is).

Als ik dit goed zie, dan is het volgende mogelijk: hoop kan 'omgevormd' of 'verheven' worden tot een (uiteraard positieve) verwachting. Dit gebeurt wanneer er een grond wordt gegeven aan iets wat je eerst alleen nog maar (zonder grond) hoopte. Je ongegronde hoop wordt dan opgetild tot een gegronde positieve verwachting. Hoop kan dus verwachting worden. Dat is een plus-ontwikkeling: je krijgt een grond voor wat je hoopt. Maar ook de omgekeerde beweging is mogelijk (en werkelijk): verwachting kan terugvallen tot hoop. Dat is een min-ontwikkeling. Dit gebeurt wanneer je de grond bent verloren voor iets goeds en positiefs dat je verwachtte. Het kan ook zijn dat je hoop, hoop blijft: dat is een nul-ontwikkeling, maar nog steeds een goede stand van zaken. Immers, hoop doet leven.

Deze gedachtegang leidt tot een aantal conclusies. Ten eerste: als persoon P op gegronde wijze verwacht dat X, dan moet niet alleen aan de bovengenoemde drie voorwaarden zijn voldaan, maar ook aan een aanvullende, vierde voorwaarde: P's verwachting dat X heeft een grond, een basis, een reden.

Ten tweede: hoop + grond => positieve verwachting. Omdat hoop gericht is op iets positiefs, is als er een grond bij komt, ook de verwachting gericht op iets positiefs. Maar verwachting kan ook, zoals we zagen, gericht zijn op iets negatiefs. In zo'n geval moeten we zeggen: vrees + grond => negatieve verwachting. In dat geval is de verwachting gericht op iets wat negatief is.

Ten derde: we hebben zowel de woorden *hopen* als *verwachten* nodig. Aan *hoop* alleen hebben we niet genoeg, omdat de notie van hoop als zodanig geen verwijzing bevat naar een grond, fundament of reden. Aan *verwachting* alleen hebben we ook niet genoeg, omdat die notie als zodanig geen verwijzing bevat naar een verlangen naar iets goeds of positiefs. We hebben ze beide nodig: *hoop* omdat dat een verlangen naar iets goeds is (of naar iets wat goed geacht wordt), maar geen grond heeft, en *verwachting* omdat dat een grond heeft. Vandaar dat het niet vreemd is om te zeggen dat je iets zowel hoopt als verwacht. Iemand kan zowel hopen op een leven na de dood als zo'n leven verwachten.

Er is nog een belangrijk verschil tussen hoop en verwachting dat het opmerken waard is. Als je iets verwacht en je verwachting heeft een grond, dan heeft dat tot gevolg dat je met een bepaalde graad van zekerheid kunt voorspellen dat hetgeen je verwacht, ook werkelijkheid zal worden.[80] Hoe beter de kwaliteit van de gronden onder hetgeen je verwacht, hoe adequater je kansinschatting zal zijn. Als je verwacht dat de huizenprijzen in Amsterdam verder zullen stijgen en je verwachting heeft een goede basis, dan kun je op basis van de verwachting een voorspelling doen. En hoe beter de basis, hoe beter je kansinschatting. Maar voor hoop geldt dit niet. Als je iets hoopt, dan geeft die hoop je niets in

80 Voor wat betreft de theorie van voorspellen is Rescher (1998) nog steeds zeer instructief.

handen om een voorspelling mee te doen. Als je hoopt dat de prijzen verder zullen stijgen (en hoop heeft, zo heb ik gesuggereerd, geen grond), dan heb je niets in handen waarmee je kunt voorspellen dat de huizenprijzen verder zullen stijgen.

Ter afsluiting keer ik terug, zoals beloofd, naar de verhouding tussen toekomstige zekerheden die gegenereerd zijn door beloften enerzijds, en de toekomstgerichte houdingen van hopen en verwachten anderzijds.

Verwachting – *gepaste* verwachting, *redelijke* verwachting – heeft een basis, en zoals ik in feite al heb gezegd, kan een belofte een dergelijke basis vormen. Er zijn nog andere bases voor verwachting, bijvoorbeeld de toekomstige zekerheden uit de eerste en de tweede klasse. Maar beloften, toekomstige zekerheden uit de derde klasse, vormen ook zo'n basis. Een belofte schept immers een verwachting bij degene aan wie de belofte gedaan wordt. Een belofte is een basis voor verwachting. Iets vollediger gezegd: de toekomstige zekerheid die gegeven wordt door een belofte, schept verwachtingen bij degene aan wie de belofte gedaan wordt.

De relatie tussen hopen en door beloften gegenereerde toekomstige zekerheden is minder duidelijk. Natuurlijk: als jij me iets belooft, dan hoop ik dat je je belofte zult nakomen. Toch zou het te zwak zijn om te zeggen dat de rol en functie van een belofte is dat ze hoop wekt – al doet ze dat veelal *ook*. Maar een belofte doet *meer*: ze wekt een positieve verwachting – en wel, als alles goed gaat, een zo sterke verwachting dat er van een toekomstige zekerheid gesproken kan worden. Als een belofte alleen maar hoop zou wekken, als dat haar rol en functie zou zijn, dan zou het onbegrijpelijk worden dat belofte *schuld* maakt.

Ten slotte: wanneer het ons in een bepaald opzicht of in

een concrete situatie aan toekomstige zekerheden ontbreekt (dus wanneer er geen toekomstige zekerheden zijn in de drie klassen die ik heb besproken), dan rest ons altijd de optie van de hoop. We kunnen hopen wanneer datgene waarop we hopen, niet onmogelijk is, of preciezer gezegd: wanneer we niet *geloven* dat datgene waarop we hopen, onmogelijk is.

Dit laatste punt is verenigbaar met het gegeven dat verschillende mensen verschillende opvattingen hebben over wat mogelijk is. Voor mijn besef zijn er objectieve waarheden over wat er mogelijk en onmogelijk is. Wat er mogelijk en onmogelijk is, heeft mijns inziens even weinig te maken met gevoel als dat 5 + 7 = 12. Maar dit is niet de juiste plaats om daar verder op in te gaan. Want de hoofdzaak is dat we hoop kunnen hebben wanneer we niet geloven dat datgene waarop we hopen, onmogelijk is.

HOOFDSTUK 7

De hoofdzaak en de grens van mijn betoog

De hoofdzaak van wat ik betoogd heb, vat ik in dit hoofdstuk samen, om vervolgens te wijzen op een grens.

Zekerheid is een gevoel. Maar er zijn normen voor wanneer dat gevoel terecht of gerechtvaardigd is en wanneer het dat niet is. De norm waarmee ik in dit boek werk, is dat zeker zijn van een theorie of bewering *p* gerechtvaardigd is voor jou, wanneer je in staat bent de relevante niet-*p*-scenario's die in principe uitsluitbaar zijn, uit te sluiten.

Zekerheid kent gradaties; van sommige dingen zijn we zekerder dan van andere. De mate waarin zekerheid terecht of gerechtvaardigd is, hangt samen met welke en hoeveel niet-*p*-scenario's je kunt uitsluiten. Hoe meer alternatieven je kunt uitsluiten, hoe gerechtvaardigder je zekerheid is.

Er zijn toekomstige zekerheden. Dat wil zeggen: er zijn dingen waarvan we nu zeker zijn dat ze in de toekomst zullen gebeuren (en waarvan we aannemen dat mensen er ook in de toekomst zeker van kunnen zijn). Deze toekomstige zekerheden kunnen worden ingedeeld in drie klassen. In de eerste klasse zitten de noodzakelijk ware, logisch-metafysische volkomen zekerheden. In de tweede klasse zitten de iets mindere sterke toekomstige zekerheden die samenhangen met de kennis van fysische, psychologische en andere regelmatigheden, regelmatigheden die vaak op formule zijn gebracht in de vorm van wetten. De derde klasse van toekomstige zekerheden wordt gevormd door beloften. Als Suzanne een belofte doet aan Mo, dan geeft ze daarmee, als alles goed gaat, aan Mo een toekomstige zekerheid. Beloften kunnen het fundament zijn voor gerechtvaardigde zekerheid.

Maar wat zijn beloften? Beloften zijn toezeggingen. Voor het doen van beloften gelden regels. Ik heb de volgende zeven regels besproken:

- *Eerste regel.* Beloof alleen dingen waarop je greep hebt, dingen waarvan het in je macht ligt om ze te doen.
- *Tweede regel.* Beloof alleen iets wat de ander wenst of begeert, dus alleen iets wat door de ander als goed wordt gezien.
- *Derde regel.* Beloof alleen iets wat nog geen feit, nog geen werkelijkheid is (maar in principe wel werkelijkheid zou kunnen worden).
- *Vierde regel.* Beloof niet iets wat onafhankelijk van je belofte toch al zal gebeuren.
- *Vijfde regel.* Beloof niet iets aan anderen als derden die afhankelijk van je zijn, daar serieuze schade van zullen ondervinden en niet zouden instemmen met de belofte.
- *Zesde regel.* Beloof niet iets wat immoreel is.
- *Zevende regel.* Beloof alleen iets wanneer je ook de bedoeling hebt om de belofte na te komen.

Beloften die conform deze regels worden gedaan, bieden degenen aan wie ze worden gedaan, toekomstige zekerheid.

Essentieel voor een belofte zijn de vier belofte-elementen:

1. Dat wat beloofd wordt, is overgekomen bij degene aan wie de belofte gedaan wordt.
2. Door een belofte te doen, verwerft degene die de belofte doet, de verplichting haar na te komen.
3. Dat wat beloofd wordt, wordt gewenst of begeerd door degene aan wie de belofte gedaan wordt.
4. Bij niet-nakoming van de belofte staat degene die de belofte deed, schuldig tegenover degene aan wie de belofte gedaan wordt.

Beloften kennen een grote variatie aan verschijningsvormen. De meest herkenbare is die waarin een persoon tegen een ander zegt: 'Ik beloof je dat ik volgende week op de bijeenkomst zal zijn' (of 'dat ik je zal komen helpen' of 'dat ik het boek voor je zal meenemen', enzovoorts). Maar beloften kennen nog veel meer verschijningsvormen, zoals afspraken tussen vrienden, afspraken bij de tandarts of de kapper, lidmaatschappen van commissies of verenigingen, afgelegde geloften, gezworen eden, erkende gedragscodes, garanties bij aankopen, getekende contracten en overeenkomsten, wetten en pacten. Instituties zoals de krant, scholen, universiteiten en de overheid zijn eveneens beloften: het zijn *belichamingen* van beloften.

Niet alle beloften zijn te vertrouwen; niet elke belofte is een toekomstige zekerheid; niet elke toekomstige zekerheid is gerechtvaardigd. Beloften dienen niet vertrouwd of aanvaard te worden wanneer ze niet voldoen aan de belofteregels, of beter: wanneer je goede redenen hebt om aan te nemen dat ze daar niet aan voldoen. Andersom geldt dat je geen beloften moet doen tenzij je ze conform de genoemde regels kunt doen.

Toekomstige zekerheden zijn gevoelens van zekerheid over de toekomst. Nu kennen wij mensen diverse toekomstgerichte mentale houdingen. Prominent onder deze houdingen zijn *hopen* en *verwachten*. Deze twee zijn niet hetzelfde, aangezien we kunnen hopen op iets wat we niet verwachten (dat FC Emmen wint, bijvoorbeeld) en iets kunnen verwachten waarop we niet hopen (dat de waterspiegel blijft stijgen, bijvoorbeeld). Beloften kunnen zowel hoop wekken als verwachting.

Dit is, ontdaan van alles wat het betoog levendig en interessant maakt, de hoofdzaak van wat ik heb betoogd. Door beloften kunnen we elkaar toekomstige zekerheden geven. Dat is een enorme dienst die we elkaar kunnen bewijzen. Het is een dienst waarvan we het nodig hebben dat die aan ons bewezen wordt. Maar dit betoog is begrensd.

Het is begrensd, omdat mijn betoog niet in detail en niet in concreto ingaat op de huidige crisis van vertrouwen in instituties zoals banken, verzekeringsmaatschappijen, de media, scholen, universiteiten en zelfs de overheid. Wat een vertrouwenscrisis wordt genoemd, is echter feitelijk een beloftecrisis. Want alleen als deze instituties en de beloften die ze belichamen, te vertrouwen zijn, geven ze ons de broodnodige zekerheden. Maar als ze niet te vertrouwen zijn, dan geven ze ons die niet. Mijn betoog is begrensd, omdat de vraag naar de betrouwbaarheid van instituties en de door hen belichaamde beloften niet concreet en gedetailleerd wordt besproken. Ik geef bijvoorbeeld niet aan hoe een institutie geschonden vertrouwen kan herwinnen.

Maar zulke details doen er ook niet toe, als er over de algemene kwestie geen duidelijkheid is. En op die algemene kwestie, die op intellectueel niveau niet moeilijk te vatten is, werpt het betoog in dit boek licht. Althans, dat is mijn bewering. Met het licht dat hier geworpen is, kunnen we twee algemene en eenvoudige dingen zien – en deze twee hangen met elkaar samen.

We kunnen ten eerste zien dat we alleen beloften behoren te doen die voldoen aan de belofteregels die ik in hoofdstuk 3 heb aangeduid. Alleen dan bieden beloften, zowel de directe als de belichaamde, toekomstige zekerheid.

Ten tweede kunnen we zien dat we alleen die beloften als toekomstige zekerheid moeten aannemen waarvoor geldt dat je voldoende reden hebt om te denken dat ze conform de belofteregels zijn gedaan. Want vertrouwen moet geplaatst worden; dit geldt ook voor vertrouwen op beloften (zowel directe als belichaamde).

Waar het op aankomt, is dit: betrouwbaar blijken te zijn. Met betrouwbaar *zijn* kan iedereen in haar of zijn eigen context onmiddellijk beginnen. En instituties kunnen, als ze het niet al zijn, onmiddellijk beginnen met betrouwbaar *worden*, al zal dat soms veel voeten in de aarde hebben. Waar betrouwbaarheid *is*, zal dat ook *blijken*. En waar het *blijkt*, daar zal het, volgens het principe dat Linda Zagzebski verwoordde, ook kunnen groeien: als ik jou vertrouw, en jij vertrouwt persoon X of instituut Y, dan wekt dat ook bij mij vertrouwen in X en Y. Enzovoorts.

In het volgende en laatste hoofdstuk kijk ik ten slotte terug op enkele elementen uit mijn betoog die filosofisch van belang zijn. Ik wijs onder meer op twee cruciale vooronderstellingen die we hebben wanneer we beloften doen, namelijk dat mensen vrij zijn en dat mensen door de tijd heen dezelfde persoon blijven. Ook suggereer ik dat het volgende principe correct is: onzekerheden worden mogelijk gemaakt door toekomstige zekerheden.

HOOFDSTUK 8

Terugblik

In dit hoofdstuk blik ik terug op vijf elementen in mijn betoog die filosofisch van belang zijn. Maar voordat ik dat doe, wijs ik eerst nog op een belangrijke samenhang tussen de drie klassen van toekomstige zekerheden. De samenhang is deze: beloften kunnen alleen maar toekomstige zekerheid bieden omdat en voor zover er zekerheden zijn die samenhangen met metafysische principes en met de wetten van de natuur. Als jij belooft om me volgende week te komen helpen bij het schilderen van mijn huis, dan bied je mij een toekomstige zekerheid (als alles goed gaat). Maar deze toekomstige zekerheid kan ik (en jij ook) alleen maar hebben omdat en voor zover het voor mij een toekomstige zekerheid is dat mijn huis volgende week nog steeds een huis is (en niet iets anders), dat de verf die ik heb gekocht, volgende week nog steeds smeerbaar is (en niet is uitgedroogd), dat jij volgende week dezelfde persoon bent als degene die mij de belofte heeft gedaan, enzovoorts. Het algemene punt is dit: zekerheden die gegenereerd zijn door beloften, kunnen alleen maar bestaan omdat en voor zover er zekerheden zijn van de eerste en de tweede klasse. In een wereld waarin er geen metafysische en wetmatige patronen en regelmatigheden zijn, kunnen er geen beloftezekerheden bestaan.

Dan nu door naar vijf cruciale elementen uit mijn betoog.

Ten eerste, de filosoof David Hume schreef in de jaren dertig van de achttiende eeuw de volgende woorden over beloften:

> Ik merk verder op dat, omdat elke nieuwe belofte een nieuwe morele verplichting oplegt aan degene die de belofte doet, en omdat deze nieuwe verplichting voortvloeit uit diens wil, beloven een van de meest mysterieuze en onbegrijpelijke operaties is die men zich kan voorstellen, en zelfs vergeleken kan worden met transsubstantiatie en de heilige wijdingen waar bepaalde woorden, in combinatie met een intentie, de aard van een object veranderen, en zelfs de aard van een menselijk schepsel.[81]

Hume had gelijk: beloven heeft iets mysterieus. Simpelweg door te zeggen 'Ik beloof je dat ik je kom helpen', creëer ik een verplichting voor mezelf. Door bepaalde woorden uit te spreken (en een bepaalde intentie te hebben), creëer ik iets wat er eerst niet was. Dat is het bijzondere van een performatieve taaldaad. Beloven is een *creatio ex nihilo*! In dit opzicht gaat Humes vergelijking nog mank, want in de transsubstantiatie wordt niet iets uit niets gemaakt, maar wordt het lichaam en bloed van Christus uit brood en wijn gemaakt. Door deze vergelijking te maken, lijkt Hume het doen van beloften te ridiculiseren – want zoveel is wel duidelijk uit andere bronnen: Hume geloofde niet in transsubstantiatie.

Ik zei het al: beloven heeft inderdaad iets mysterieus. Moeten we de realiteit ervan daarom ontkennen? Nee.

---

81 *Traktaat over de menselijke natuur* (Hume, 2007, 486).

Hier, zoals elders, is het van belang een onderscheid te maken tussen *het bestaan* van iets en *de aard* van datgene wat bestaat. Het laatste kan mysterieus zijn, terwijl het eerste dat minder of niet is. Dat er gedachten bestaan, daarvan is elke lezer van dit boek wel overtuigd – jij hebt gedachten, Mark Rutte heeft gedachten, Reinbert de Leeuw had ze en de mannen van Studio Voetbal hebben ze ook. Maar wat de aard van een gedachte is, dat is iets mysterieus. Is een gedachte een elektrisch stroompje in onze hersenen? Is het een speciale breinconstellatie? Is het iets anders? Gedachten gaan gepaard met hersenconstellaties, maar daaruit kan natuurlijk niet geconcludeerd worden dat gedachten hersenconstellaties *zijn*. Het lopen van een marathon gaat gepaard met spiersamentrekkingen, maar daaruit volgt niet dat een marathon een spiercontractie is. Het mysterieuze hier is dat gedachten *inhouden* zijn. Eind december 2020 dacht Rutte onder meer dat een avondklok een vergaande maatregel is om de coronacrisis het hoofd te bieden. Maar een elektrisch stroompje kan geen inhoud hebben, en een hersenconstellatie evenmin. Dat het mysterieus is hoe gedachten samenhangen met hersenprocessen en -constellaties, is echter nog geen reden om de realiteit van gedachten te ontkennen.[82] Hier is een analogie. Het is mysterieus dat de tijd voortgaat. Dat is mysterieus, omdat alles wat voortgaat, een snelheid heeft (jij liep met een snelheid van 8,4 km/u), maar van de tijd niet kan worden aangegeven met welke snelheid hij voortgaat. Dat is echter nog geen reden om het bestaan van een voortgaan-

82 Zoals soms wordt gedaan, bijvoorbeeld door eliminativisten als de hedendaagse Amerikaanse filosoof Alex Rosenberg.

de tijd te ontkennen.[83] De aard van een belofte mag dan mysterieus zijn, dat is nog geen reden om de realiteit van beloften (inclusief de verplichting die ze genereren en de schuld die ontstaat wanneer ze niet worden nagekomen) te ontkennen.

Beloften, direct dan wel institutioneel belichaamd, creëren verplichtingen. Maar – en dit is het tweede belangrijke element uit mijn betoog – dat betekent niet dat de enige verplichtingen die we hebben, door beloften zijn gecreëerd. Veel verplichtingen zijn dat niet. Als jij mij helpt zonder dat je dat beloofd had en zonder dat ik het gevraagd had, dan verwerf ik daarmee de verplichting om dankbaarheid te tonen. Ook hebben we de verplichting om onze naasten geen schade toe te brengen, wat eveneens een plicht is die losstaat van beloften. We hebben de verplichting om het leven op aarde, en de planeet zelf, niet te vernietigen, maar waar mogelijk te verzorgen. Ouders hebben de morele plicht om voor hun kinderen te zorgen – ook wanneer ze aan niemand hebben beloofd dit te zullen doen. Er is de verplichting om de rechten van anderen te eerbiedigen, hetgeen ook niet gebaseerd is op een belofte. Er is de verplichting om belasting te betalen, een verplichting die evenmin gecreëerd is door het doen van een belofte. Dus het punt dat ik hier wil benadrukken, is dat niet alle verplichtingen die we hebben, gecreëerd zijn door beloften die we hebben gedaan.

---

83 Onder filosofen is er overigens veel gediscussieerd over de realiteit van de tijd. Befaamd is de ontkenning van de realiteit van de tijd door John McTaggart Ellis McTaggart (1866–1925), die ook de realiteit van de ruimte ontkende.

Beloften spelen een cruciale rol in ons persoonlijk en maatschappelijk leven. Het derde en het vierde element dat ik wil uitlichten, zijn dingen die velen die hebben nagedacht over het doen van beloften, zijn opgevallen. Volgens hen zijn deze twee dingen van grote metafysische betekenis; het zijn cruciale vooronderstellingen die eenieder heeft die iets oprecht belooft. Het eerste is dit: als we een belofte doen, en we hebben de ernstige bedoeling onze belofte gestand te doen (conform de zevende regel), en datgene wat we beloven, zal onafhankelijk van de nakoming van onze belofte niet toch al wel gebeuren (conform de vierde regel), dan is er iets wat we, op straffe van inconsistentie, moeten geloven of impliciet aanvaarden, namelijk dat we het vermogen hebben om de belofte na te komen, dat we dat kunnen, dat we daartoe in staat zijn.[84] Het is bijvoorbeeld inconsequent om te beloven dat je naar Roelofarendsveen zult komen, terwijl je niet gelooft dat je daartoe in staat bent (of zelfs gelooft dat je daartoe niet in staat bent). Als je belooft dat je naar Roelofarendsveen zult komen en daarbij de belofteregels in acht neemt, dan betekent dit dat je gelooft, of vooronderstelt, dat je daartoe het vermogen hebt. Daarnaast is het zo dat, als je niet gedwongen werd om die belofte te doen (en daar ga ik nu van uit) en je bent je belofte nagekomen, dat dan betekent dat je komst naar Roelofarendsveen een vrije handeling was. Dat blijkt eens te meer wanneer we beseffen dat je komst naar Roelofarendsveen niet onvermijdelijk was, dat je je belofte ook had kunnen verbreken. Je komst is een daad die je, hoewel je haar hebt verricht, ook *niet* had kunnen

84 Bijvoorbeeld Thomas Reid. Zie Reid ((1788) 1969, 306).

verrichten. Je komst is daarmee een vrije daad; laten we zeggen dat een daad een vrije daad is wanneer ze niet onvermijdelijk is.

Hiermee is een eerste cruciale metafysische vooronderstelling van eenieder die weleens iets (oprecht) belooft (en dat doen we allemaal), aan het licht gekomen, namelijk dat mensen vrij zijn – althans, in bepaalde mate. Dat wil zeggen dat in elk geval sommige van onze daden niet onvermijdelijk zijn, dat er daden zijn die we verricht hebben, terwijl we in staat waren om ze niet te verrichten. De praktijk van het doen van beloften veronderstelt dus dat we geloven, of stilzwijgend aannemen, dat we tot op zekere hoogte vrij zijn.

Als sommige daden die we verrichten, niet onvermijdelijk zijn, dan volgt daaruit dat determinisme onwaar is. Determinisme is een metafysische stelling die impliceert dat elke handeling die ik verricht, het onvermijdelijke gevolg is van de wetten van de natuur en van omstandigheden die optraden ver voor mijn geboorte. Determinisme impliceert dat ons gedrag onvermijdelijk is. Maar als sommige van onze daden niet onvermijdelijk zijn, dan is determinisme dus onwaar. Ik kan het ook zo zeggen: als determinisme waar is, dan is het uitermate lastig, zo niet onmogelijk, om het fenomeen *beloven* te begrijpen.

Dat mensen in elk geval in sommige van hun handelingen vrij zijn, is niet een gedachte die iedereen zomaar zal willen accepteren. Dick Swaab en Victor Lamme hebben nog niet zo heel lang geleden ons land verbaasd met hun betogen dat de vrije wil een illusie is.[85] Dit is niet de juiste plaats om hierop verder in te gaan. Ik merk alleen op dat

85 Zie Swaab (2010) en Lamme (2010).

de argumenten die zij voor hun stelling geven, bepaald niet iedereen hebben overtuigd.[86]

Er is nog een tweede cruciale metafysische gedachte die velen is ingevallen tijdens het nadenken over beloften. Wanneer ik jou nu beloof dat ik je volgende week kom helpen, dan geloof ik dat ik er volgende week nog zal zijn (calamiteiten daargelaten). Anders gezegd: ik ga er dan van uit dat er, bij leven en welzijn, over een week iemand is die dezelfde persoon is als degene die jou nu een belofte doet. Nog weer anders gezegd: ik ga ervan uit dat ik identiteit door de tijd heb, zoals filosofen zeggen. En als anderen ons iets beloven, gaan wij ervan uit dat zij identiteit door de tijd hebben. Immers, als jij belooft me volgende week te komen helpen, dan ga ik ervan uit dat jij er volgende week nog zal zijn (calamiteiten daargelaten), dat er niet iemand anders voor jou in de plaats is gekomen – iemand die misschien erg op jou lijkt, maar die jij niet bent. Het doen van beloften veronderstelt identiteit door de tijd van personen.[87] Om het paradoxaal uit te drukken: als we iedere dag iemand anders zijn, valt niet te begrijpen hoe we beloften kunnen doen en beloften van anderen kunnen vertrouwen.

Het vijfde en laatste element is een terugblik op de zekerheden die we hebben. De strekking van mijn betoog was dat we vele toekomstige zekerheden hebben, zij het dat som-

---

86 Problemen in de argumentaties van Swaab en Lamme hangen onder meer samen met onduidelijkheid over wat er nu precies kan worden afgeleid uit de experimenten van Benjamin Libet, en onduidelijkheid over wat zij menen dat onder het concept *vrije wil* moet worden verstaan. Zie hierover onder andere Slors (2012), Aleman (2017, 61–81), Asma (2018) en O'Connor (2020). Een fundamenteel andere benadering van het vrijheidsvraagstuk biedt Glas (1996).

87 Zie hiervoor Van Woudenberg (2000, 2018).

mige zekerder zijn dan andere. Het huidige overheersende levensgevoel is echter dat we in grote onzekerheid leven; we houden ons hart vast over wat de toekomst zal brengen. Is een ecologische ramp nog wel af te wenden, zelfs als we ons levenspatroon drastisch wijzigen? Zullen antidemocratische tendensen zich voortzetten? Er is het enorme probleem van de mondiale bevolkingsgroei, er is het migratieprobleem, er is het probleem van sociale ongelijkheid en onrechtvaardigheid, er is het probleem van het wantrouwen in instituties – het is onzeker waar dit allemaal heen gaat, wat we eraan kunnen doen, wat we mogen hopen en wat we kunnen verwachten. Verschrompelen de toekomstige zekerheden waarover ik het heb gehad niet in het aangezicht van deze loodzware problemen?

Mijn antwoord is een beslist 'nee', maar niet omdat ik de problemen ontken. Mijn antwoord is 'nee', ten eerste omdat deze toekomstige zekerheden er zijn, of kunnen zijn, en daarom niet ontkend moeten worden. Ten tweede – en dit graaft een spade dieper – omdat alle onzekerheden waarvoor we staan, als het ware omringd zijn door toekomstige zekerheden. Deze onzekerheden zouden er niet zijn, niet *kunnen* zijn, als er geen toekomstige zekerheden waren. Wat ik bedoel, kan ik het beste verduidelijken met analogieën en voorbeelden. Het is onduidelijk hoe het wereldvoedselvraagstuk moet worden opgelost, maar het is een toekomstige zekerheid dat mensen voeding nodig hebben. Als het laatste geen zekerheid was, was het eerste geen probleem. Het is onduidelijk hoe het migratieprobleem moet worden opgelost, maar het is een toekomstige zekerheid dat mensen onveilige situaties willen ontvluchten en zoeken naar bestaanszekerheid en een waardig en waardevol leven. Als het laatste geen toekomstige zekerheid was, was het eerste niet onzeker. Hoe de energietoekomst eruit zal zien, is onzeker, maar het is een toekomstige zekerheid dat, als we op dezelfde, op groei ingestelde voet voortleven als we de afgelopen eeuw in het Westen hebben gedaan, de fossiele brandstoffen spoedig uitgeput zullen zijn. Als het laatste geen toekomstige zekerheid was, zou de genoemde onzekerheid er niet zijn. Hoe datgene wat we natuur noemen, er in de toekomst uit zal zien, is onzeker, maar het is een toekomstige zekerheid dat, als wij onze omgang met plastic en afval van allerlei soort niet veranderen, de koraalriffen verder zullen afsterven en er meer diersoorten zullen uitsterven. Als dit laatste geen toekomstige zekerheid was, zou de genoemde onzekerheid er niet zijn. Enzovoorts. Er is geen onzekerheid, of zij wordt mogelijk gemaakt door een toekomstige zekerheid.

Ten slotte wil ik nog iets opmerken over onzekerheid, maar nu in een positieve zin. Probeer je eens een leven voor te stellen waarin alles volkomen zeker is. Om dat concreet te maken: probeer je eens in te leven in de mentale wereld van een alwetende determinist, dus van iemand die denkt dat alles wat er nu gebeurt, het onvermijdelijke effect is van de wetten van de natuur en de toestand van de kosmos miljoenen jaren geleden, en die bovendien tot in detail weet wat die wetten zijn en volledig op de hoogte is van de toestand van de wereld miljoenen jaren geleden. Voor zo iemand is alles wat er gaat gebeuren, voorspelbaar; hij/zij wordt door niets en niemand verrast en niet geplaagd door enige onzekerheid. Als deze alwetende determinist nadenkt over zijn of haar toekomst of over de toekomst van de wereld, dan ziet hij/zij alleen maar toekomstige zekerheden. Stel jezelf nu de vraag: is dit een aantrekkelijk leven? Zou ik die persoon willen zijn?

Ik niet. Ik meen dat zo'n leven om meerdere redenen maximaal onaantrekkelijk is, dor en doods. Ten eerste, omdat in zo'n leven ieder gevoel van avontuur ontbreekt, dat gevoel dat je overvalt wanneer je in de bergen een onbekende tocht maakt en je niet weet hoe diep het dal zal zijn, hoe slingerend het pad, hoe hoog de top en hoe indrukwekkend het uitzicht. Dat gevoel van avontuur, dat gevoel voor het onbekende en misschien zelfs onkenbare, geeft het leven peper en zout, fleur en kleur. Ten tweede, omdat je in zo'n leven niets te hopen hebt. Hopen, zo heb ik betoogd, kun je alleen maar op iets wat niet onvermijdelijk is. Maar in zo'n leven is alles onvermijdelijk. Ten derde, omdat het in zo'n leven niet mogelijk is om een belofte te doen, dan wel om een belofte te vertrouwen – want we kunnen alleen dingen beloven die niet onvermijdelijk zijn. Welke gestalte ze ook aannemen, beloften maken mensen op een positieve en levensvervullende manier op elkaar betrokken. Daarom kent zo'n leven ook de volgende elementen niet: dankbaarheid voor geboden hulp, vrijwillige overgave aan elkaar in liefdevolle verbindingen, inzet voor de grote instituties die ons zoveel goeds hebben gebracht, maar die wel precair zijn en onderhoud vergen. Ten vierde, omdat er in zo'n leven geen werkelijk richtinggevende keuzes hoeven te worden gemaakt – keuzes die de koers van het levensschip medebepalen.

Toekomstige zekerheden zijn er dus. Dat is de hoofdstrekking van mijn betoog. Maar we moeten blij zijn dat ze geflankeerd worden door onzekerheden, waardoor mogelijkheden worden geopend die in een gedetermineerde wereld voor altijd gesloten zouden blijven. Het zijn deze onzekerheden die ons een gevoel van avontuur kunnen geven en die hoop, en nog veel meer goede dingen, mogelijk maken.

Appendices

A. Gradaties van zekerheid met voorbeelden (bij hoofdstuk 1)

Gradatie van zekerheid	Voorbeelden	Commentaar
Volkomen zeker	2 + 2 = 4; er is een even priemgetal; als A groter is dan B en B groter dan C, dan is A ook groter dan C; een onrechtvaardige daad is slechter dan een onvriendelijke.	Deze waarheden zijn noodzakelijk. Van noodzakelijke waarheden kunnen we volkomen zeker zijn (maar dan moeten we ze wel kennen). Deze waarheden zijn zeker omdat ze zelfevident zijn. Deze zekerheid is het product van rationele reflectie. Door rationele reflectie zien we in dat de proposities in de kolom hiernaast wel waar moeten zijn; ze kunnen niet onwaar zijn. De tegendelen van deze waarheden zijn innerlijk onmogelijk (absurd).
In zeer hoge mate zeker	Ik heb een lichaam; ik voel me uitgeput; ik denk aan de bergen; ik heb invloed op hoe ik mij gedraag; ik heb continuïteit door de tijd.	Deze waarheden zijn niet noodzakelijk maar contingent. Hun tegendelen zijn niet innerlijk onmogelijk (niet absurd). Ze zijn niet zelfevident. Ze zijn evenmin het product van redenering of bewijsvoering. Daarom worden ze wel onmiddellijk evident genoemd. Veel common-sensewaarheden zijn in zeer hoge mate zeker.

Gradatie van zekerheid	Voorbeelden	Commentaar
In hoge mate zeker; niet voor redelijke twijfel vatbaar	IJzer zet uit bij verhitting; de aarde heeft een maan; de wet van Archimedes.	Deze waarheden zijn niet noodzakelijk maar contingent. Hun tegendelen zijn niet innerlijk onmogelijk (niet absurd); daarom kunnen deze waarheden niet door rationele reflectie alleen worden ingezien. Hun hoge mate van zekerheid hangt samen met het krachtige bewijs dat er voor deze waarheden is. Het gaat hier om de verzekerde resultaten van wetenschappelijk onderzoek.
Zeker in een bepaalde mate; het gaat hier om een glijdende schaal die loopt van *in hoge mate zeker* tot *enigszins zeker*	Beloften, maar ook de uitkomsten van veel wetenschappelijk onderzoek.	Deze waarheden (als het inderdaad waarheden zijn) zijn contingent. De mate van zekerheid die een belofte biedt, hangt direct samen met de mate waarin de belover zich aan de regels voor het doen van een belofte houdt. De mate van zekerheid die de uitkomst van wetenschappelijk onderzoek biedt, hangt direct samen met de kracht van het ondersteunende bewijs.

B. Regels voor het doen van een belofte (bij hoofdstuk 3)

Eerste regel. Beloof alleen dingen waarop je greep hebt, dingen waarvan het in je macht ligt om ze te doen.

Tweede regel. Beloof alleen iets wat de ander wenst of begeert, dus alleen iets wat door de ander als goed wordt gezien.

Derde regel. Beloof alleen iets wat nog geen feit, nog geen werkelijkheid is (maar in principe wel werkelijkheid zou kunnen worden).

Vierde regel. Beloof niet iets wat onafhankelijk van je belofte toch al zal gebeuren.

Vijfde regel. Beloof niet iets aan anderen als derden die afhankelijk van je zijn, daar serieuze schade van zullen ondervinden en niet zouden instemmen met de belofte.

Zesde regel. Beloof niet iets wat immoreel is.

Zevende regel. Beloof alleen iets wanneer je ook de bedoeling hebt om de belofte na te komen.

C. De essentie van een belofte
(bij hoofdstuk 3 en 4)

Als een uitspraak U, gedaan door persoon X en gericht aan persoon Y, een belofte is, dan geldt dat:

1. Y de inhoud van U tot zich heeft kunnen nemen en dus kent;
2. X, door U uit te spreken, de verplichting op zich neemt om de inhoud van U te verwerkelijken;
3. hetgeen door X wordt beloofd, iets is wat Y wenst of begeert;
4. X schuldig staat tegenover Y wanneer X de inhoud van U niet verwerkelijkt.

Deze condities zijn essentieel voor een belofte, dat wil zeggen: wanneer een of meer van deze condities niet zijn vervuld, dan is er geen sprake van een belofte.

Literatuur

Aaldering, L., Egelhofer, J.L., en Lecheler, S. (2020). Nieuwe uitdagingen voor de journalistiek in het tijdperk van nepnieuws. In J. de Ridder, R. Vliegenthart & J. Zuure (Red.), *Doen, durven of de waarheid? Democratie in digitale tijden* (pp. 87–103). Amsterdam: Amsterdam University Press.

Aleman, A. (2017). *Je brein de baas: Over de rol van bewust denken.* Amsterdam: Atlas Contact.

Arbesman, S. (2013). *The Half-Life of Facts: Why Everything We Know Has an Expiration Date.* New York: Current.

Asma, L. (2018). *Consciousness in Intentional Action.* Dissertatie Vrije Universiteit Amsterdam.

Austin, J.L. (1970a). Other Minds. In J.O. Urmson & G.J. Warnock (Eds.), *Philosophical Papers* (pp. 76–116). Oxford: Oxford University Press.

Austin, J.L. (1970b). Performative Utterances. In J.O. Urmson & G.J. Warnock (Eds.), *Philosophical Papers* (pp. 233–252). Oxford: Oxford University Press.

Baar, P.P. de, Kloek, E., & Meer, T. van der (1984). *Balthasar G.* Amsterdam: Syndikaat.

Barrow, J., & Tipler, F.J. (1986). *The Anthropic Cosmological Principle.* Oxford: Oxford University Press.

Bijlo, E. (2020). Last van klimaatangst. *Trouw*, 24 april 2020.

BonJour, L. (1998). *In Defense of Pure Reason.* Cambridge: Cambridge University Press.

Bouter, L.M., Tijdink, J., Axelsen, N., Martinson, B.C., & Riet, G. ter (2016). Ranking major and minor research misbehaviors: Results from a survey among participants of four World Conferences on Research Integrity. *Research Integrity and Peer Review, 1*, art. 17.

Brink, G. van den, & Kooi, K. van der (2012). *Christelijke dogmatiek*. Zoetermeer: Boekencentrum.

Brink, G. van den, & Sarot, M. (Red.) (1995). *Hoe is uw Naam? Opstellen over de eigenschappen van God*. Kampen: Kok.

Bruggen, K. van der, & Have, W. ten (2016). *De val van Srebrenica*. Amsterdam: Boom.

Buekens, F. (2001). *Het teken en de wereld. Over betekenis en referentie in de analytische taalfilosofie*. Leuven: Acco.

Buskes, C. (2014). Wetenschapsfilosofie. In C. Buskes & H. Simissen (Red.), *Analytische filosofie: Een inleiding* (pp. 137–170). Nijmegen: Vantilt.

Chisholm, R. (1977). *Theory of Knowledge*. Englewood-Cliffs: Prentice Hall.

Cockburn, B. (2014). *Rumours of Glory: A Memoir*. San Francisco: HarperOne.

Coontz, S. (2006). *Marriage, a History: How Love Conquered Marriage*. Harmondsworth: Penguin.

Crilly, T. (2008). *50 inzichten wiskunde*. Diemen: Veen.

Cuneo, T., & Shafer Landau, R. (2014). The Moral Fixed Points. *Philosophical Studies, 171*, 399–443.

Dalen, D. van (2002). *L.E.J. Brouwer: Een biografie*. Amsterdam: Bert Bakker.

Descartes, R. ((1637) 1977). *Over de methode* (Vertaald en ingeleid door: Th. Verbeek). Meppel: Boom.

Deursen, A.Th. van (1993). De Republiek der Zeven Verenigde Nederlanden (1588–1780). In J.C.H. Blom & E. Lamberts (Red.), *Geschiedenis van de Nederlanden* (pp. 118–180). Rijswijk: Nijgh en Van Ditmar Universitair.

Dretske, F. (2000). The Pragmatic Dimension of Knowledge. In *Perception, Knowledge, and Belief: Selected Essays* (pp. 48–63). Cambridge: Cambridge University Press.

Duintjer, O. (1977). *Rondom regels: Wijsgerige gedachten omtrent regel-geleid gedrag*. Amsterdam: Boom.

Fasseur, C. (2014). *Eigen meester, niemands knecht: Het leven van Pieter Sjoerd Gerbrandy*. Amsterdam: Balans.

Fried, C. (1981). *Contract as Promise*. Cambridge: Harvard University Press.

Glas, G. (1996). Filosofische antropologie. In R. van Woudenberg (Red.), *Kennis en werkelijkheid* (pp. 86–142). Kampen: Kok; Amsterdam: Buijten & Schipperheijn.

Hirschman, A.O. (1970). *Exit, Voice, and Loyalty: Responses to Decline in Firms, Organizations, and States*. Cambridge: Harvard University Press.

Horkheimer, M. (1970). *Die Sehnsucht nach dem ganz Anderen*. Hamburg: Furche Verlag.

Hume, D. (2007). *Traktaat over de menselijke natuur* (Vertaald door: F.L. van Holthoon). Amsterdam: Boom.

Ibbetson, D.J. (1999). *A Historical Introduction to the Law of Obligations*. Oxford: Oxford University Press.

Jong, H. de. (2017). *Dat boek is subliem: Vincent van Gogh over 'De navolging van Christus'*. Utrecht: Kok.

Katechismus van de Katholieke Kerk (1997). Brussel: Licap; Utrecht: Secretariaat Rooms-Katholiek Kerkgenootschap.

Kolfschoten, F. van (2012). *Ontspoorde wetenschap: Over fraude, plagiaat en academische mores*. Amsterdam: De Kring.

Koning, N. (2020). *De waarde van woede. Over opstandigheid en rechtvaardigheid.* Budel: Damon.

Ladyman, J. (2002). *Understanding Philosophy of Science.* London: Routledge.

Lamme, V. (2010). *De vrije wil bestaat niet*. Amsterdam: Bert Bakker.

Leibniz, G.W.F. ((1720) 1991). *Monadologie of De beginselen van de wijsbegeerte* (Vertaald door: F.P.M. Jespers). Kampen: Kok Agora.

Lensink, H. (2014). *Stille Willem: De dodelijke spagaat van vastgoedbaron Endstra*. Amsterdam: Balans.

Lewis, C.S. (1952). *Mere Christianity*. London: Geoffrey Bles.

Luyendijk, J. (2017). *Dit kan niet waar zijn: Onder bankiers*. Amsterdam: Atlas Contact.

Maanen, H. van (1991). *Het kerkhof van de wetenschap*. Amsterdam: Boom.

Mak, G. (2007). *De goede stad.* Amsterdam: Atlas.

Meulen, D. van der (2003). *Multatuli: Leven en werk van Eduard Douwes Dekker*. Amsterdam: SUN.

Mey, T. de (2014). *Het voordeel van de twijfel.* Rotterdam: Lemniscaat.

Moller, D. (2003). An Argument against Marriage. *Philosophy, 78*, 79–91.

Nuchelmans, G. (1971). *Overzicht van de analytische wijsbegeerte*. Utrecht: Het Spectrum.

O'Connor, T. (2020). The Emergence of Free, Intentional Control: Reply to Haselager. In R. Peels, J. de Ridder & R. van Woudenberg (Eds.), *Scientific Challenges to Common Sense Philosophy* (pp. 121–127). London: Routledge.

O'Neill, O. (2002). *A Question of Trust*. Cambridge: Cambridge University Press.

Paas, S., & Peels, R. (2013). *God bewijzen*. Amsterdam: Balans.

Peels, R., & Woudenberg, R. van (Eds.) (2021). *The Cambridge Companion to Common-Sense Philosophy*. Cambridge: Cambridge University Press.

Plantinga, A. (1974). *The Nature of Necessity*. Oxford: Clarendon.

Plantinga, A. (1980). *Does God Have a Nature?* Milwaukee: Marquette University Press.

Reid, T. ((1785) 2002). *Essays on the Intellectual Powers of Man* (D. Brookes, Ed.). Edinburgh: Edinburgh University Press.

Reid, T. ((1788) 1969). *Essays on the Active Powers of Man* (B. Brody, Ed.). Cambridge: MIT Press.

Rescher, N. (1998). *Predicting the Future: An Introduction to the Theory of Forecasting*. New York: SUNY Press.

Ridder, J. de, Vliegenthart, R., & Zuure, J. (Red.) (2020). *Doen, durven of de waarheid? Democratie in digitale tijden*. Amsterdam: Amsterdam University Press.

Scanlon, T. (1990). Promises and Practices. *Philosophy and Public Affairs, 19* (3), 199–226.

Searle, J. (1969). *Taalhandelingen: Een taalfilosofisch essay*. Utrecht: Het Spectrum.

Slors, M. (2012). *Dat had je gedacht! Brein, bewustzijn en vrije wil*. Amsterdam: Boom.

Swaab, D. (2010). *Wij zijn ons brein: Van baarmoeder tot Alzheimer*. Amsterdam: Contact.

Unger, P. (1975). *Ignorance: A Case for Scepticism*. Oxford: Oxford University Press.

Vansteenwegen, A. (2016). *Liefde is meer dan chemie: Over liefde, wetenschap en de kracht van verwondering*. Antwerpen: Witsand.
Verdam, J. (Red.) (1900). *Die spiegel der sonden*. Leiden: Brill.
Vermij, R. (1999). *De wetenschappelijke revolutie*. Amsterdam: Nieuwezijds.
Williamson, T. (2000). *Knowledge and Its Limits*. Oxford: Oxford University Press.
Woudenberg, R. van (2000). *Het mysterie van de identiteit*. Nijmegen: SUN.
Woudenberg, R. van (2014). True Qualifiers for Qualified Truths. *Review of Metaphysics, 68*, 1–36.
Woudenberg, R. van (2018). Veelheid van identiteiten, fundamentele identiteit en dualisme. *Algemeen Nederlands Tijdschrift voor Wijsbegeerte, 110*, 315–333.
Woudenberg, R. van (2021). The Delineation of Common Sense. In R. Peels & R. van Woudenberg (Eds.), *The Cambridge Companion to Common-Sense Philosophy* (pp. 161–184). Cambridge: Cambridge University Press.
Woudenberg, R. van, & Peels, R. (2018). The Metaphysics of Degrees. *European Journal of Philosophy, 26*, 46–65.
Wynne, C., & Udell, M. (2013). *Animal Cognition: Evolution, Behaviour, and Cognition*. London: Palgrave.
Zagzebski, L. (2012). *Epistemic Authority: A Theory of Trust, Authority, and Autonomy in Belief*. Cambridge: Cambridge University Press.